AF205385

Impressum
Verlag: BABADADA GmbH, Nedderfeld 112 , 22529 Hamburg
Geschäftsführer / Verlagsleitung: Harald Hof
Druck: Books on Demand GmbH, In de Tarpen 42, 22848 Norderstedt

Imprint
Publisher: BABADADA GmbH, Nedderfeld 112 , 22529 Hamburg, Germany
Managing Director / Publishing direction: Harald Hof
Print: Books on Demand GmbH, In de Tarpen 42, 22848 Norderstedt, Germany

ښوونځی

School

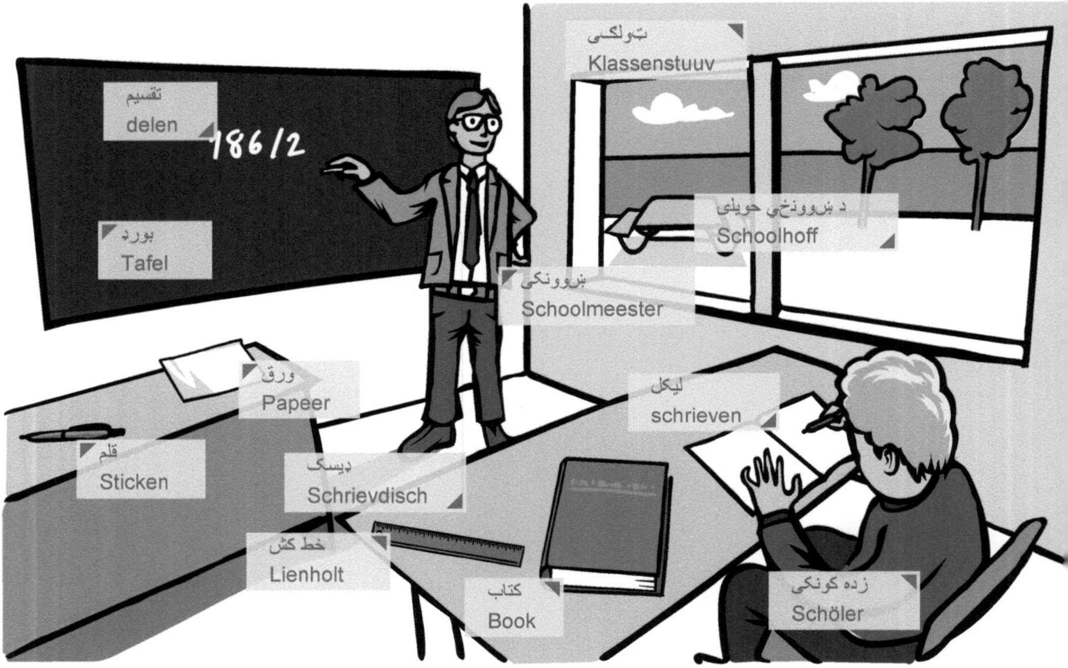

ټولګی
Klassenstuuv
تقسیم
delen
186/2
بورډ
Tafel
د ښوونځي حویلی
Schoolhoff
ښوونکی
Schoolmeester
ورق
Papeer
لیکل
schrieven
قلم
Sticken
ډیسک
Schrievdisch
خط کش
Lienholt
کتاب
Book
زده کونکی
Schöler

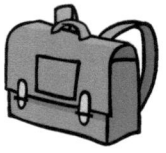

کڅوړه

Ranzel

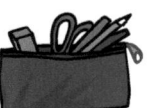

د پنسل بکسه

Feddermapp

پنسل

Bleesticken

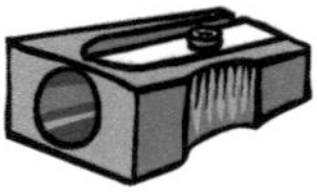

پنسل تراش

Scharpmaker

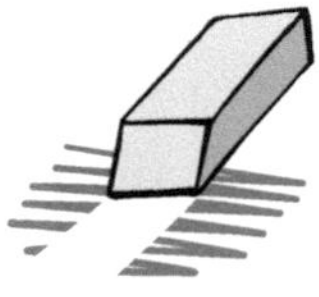

ربړ

Radeergummi

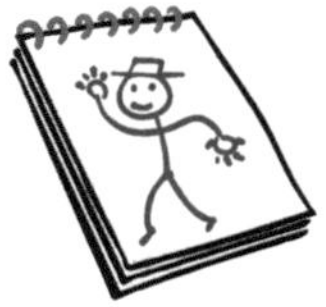

د رسامی پاڼه

Tekenblock

رسامي

Teken

د نقاشى برس

Pinsel

د نقاشى بکس

Malkassen

قيچي

Scheer

سريښ

Klever

د تمرين کتاب

Heft to'n Öven

کورنۍ دنده

Huusopgaav

12

شمير

Tall

2+2

جمع

tohooptellen

5-2

منفي

aftrecken

2×2

ضرب

malnehmen

حساب

reken

A

تورى

Bookstaav

ABCDEFG
HIJKLMN
OPQRSTU
VWXYZ

الفبا

ABC

hello

کلمه

Woort

متن

Text

لوستل

lesen

تباشير

Kried

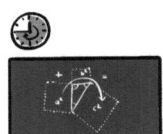

درس

Stunn

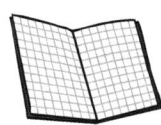

راجستر

Klassenbook

ازموينه

Pröven

تصديق پاڼه

Tüügnis

د ښوونځي يونيفارم

Schooluniform

تعليم

Utbillen

دايره المعارف

Nakieksel

پوهنتون

Universität

مايكروسكوپ

Mikroskop

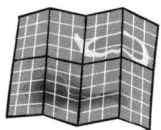

نقشه

Koort

اشغالدانى

Papeerkorf

سفر
Törn

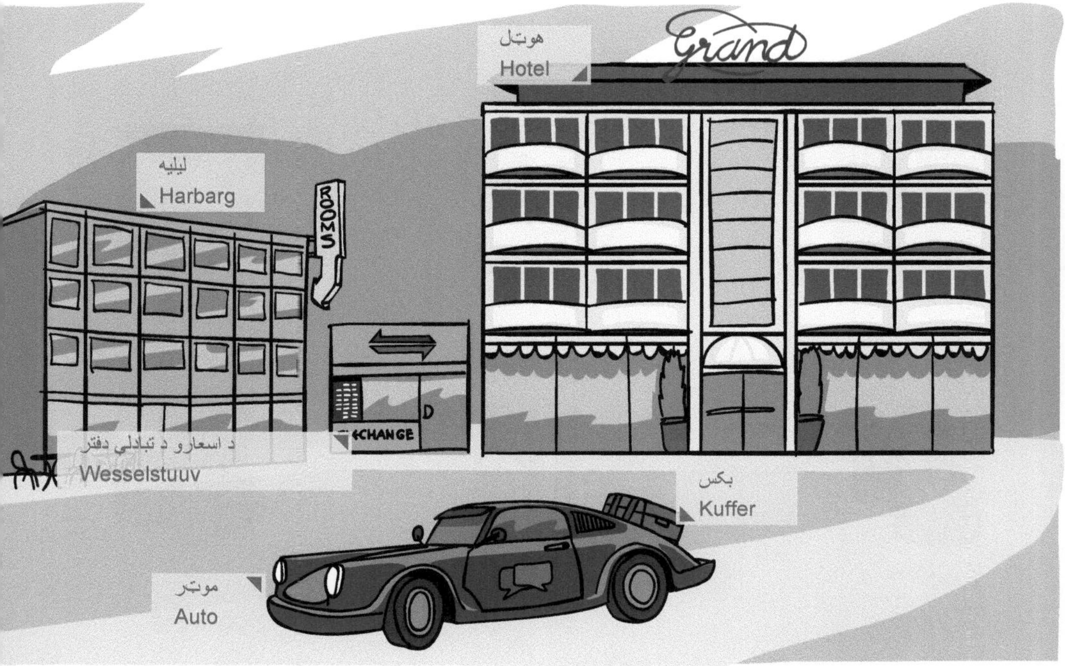

هوټل
Hotel
Grand
ليليه
Harbarg
ROOMS
د اسعارو د تبادلې دفتر
Wesselstuuv
CHANGE
بکس
Kuffer
موټر
Auto

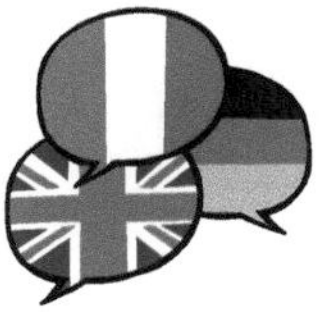

ژبه

Spraak

هو/نه

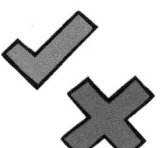

jo / ne

سمه ده

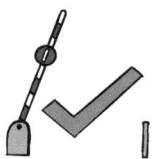

Jo

سلام

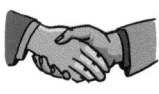

Moin

ژباړونکی

Översetter

مننه

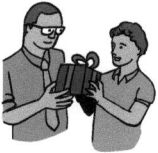

Dank ok

څومره ده ...؟

Wat kost...?

زه نه پوهیږم

Ik verstah nich

ستونزه

Problem

ماښام مو پخیر!

Goden Avend

سهار په خیر!

Moin!

شپه په خیر!

Gode Nacht!

په مخه مو ښه

Tschüüs

لارښود

Richt

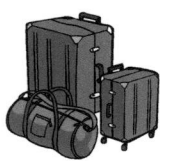

سامان

Bagaasch

بیگ

Tasch

شاتنی بکس

Rüchsack

میلمه

Gast

خونه

Stuuv

د خوب کڅوره

Slaapsack

خیمه

Telt

د توريزم معلومات

Touristeninformatschoon

ساحل

Strand

کریدیټ کارت

Kreditkoort

ناری

Fröhstück

د غرمي خواړه

Meddageten

د شپې خواړه

Avendeten

ټيکټ

Fohrkort

لفټ

Fohrstohl

مهر

Breefmark

پوله

Grenz

ګمرک

Toll

سفارت

Bottschop

ویزه

Visum

پاسپورت

Pass

ټرانسپورټ

Transport

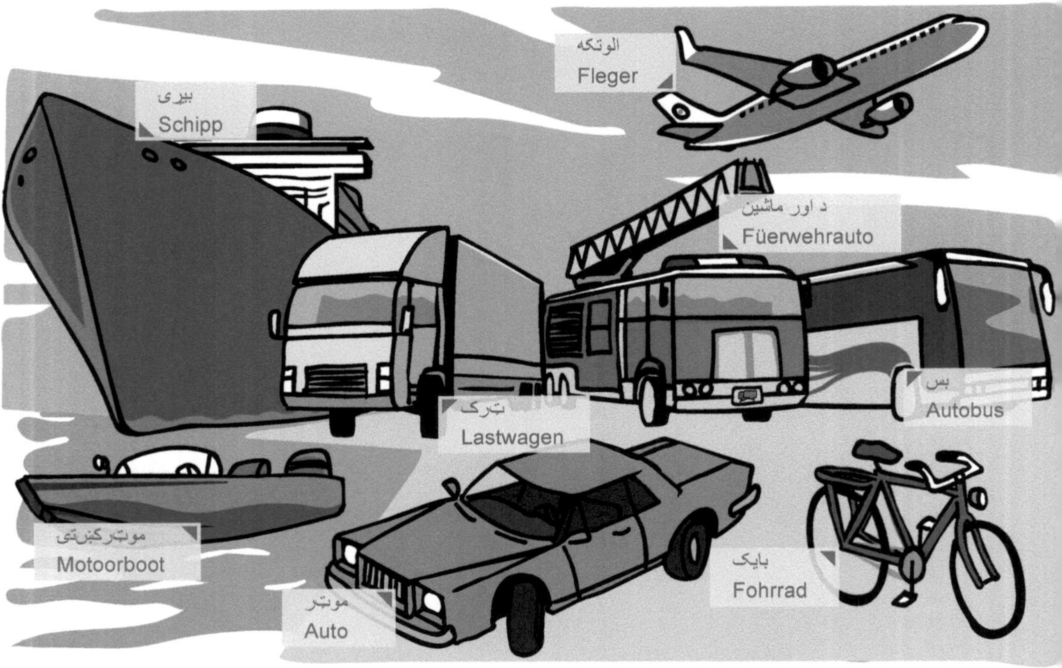
الوتکه
Fleger
بیړی
Schipp
د اور ماشین
Füerwehrauto
بس
Autobus
ټرک
Lastwagen
موټرکښتی
Motoorboot
بایک
Fohrrad
موټر
Auto

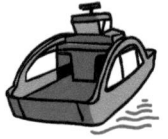

کښتی
....
Fähr

کښتی
....
Boot

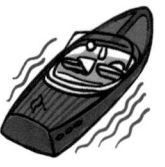

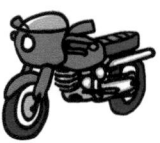

موټرسایکل
....
Motoorrad

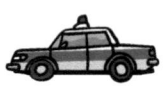

د پولیسو موټر
....
Polizeiauto

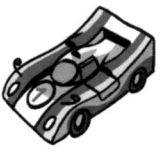

د ریس موټر
....
Rönnauto

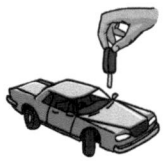

کرایی موټر
....
Lehnwagen

د کرایه موټري

Carsharing

د ثقیل لرونکی ټرک جرثقیل

Afsleepwagen

ټرک زویفر

Müllauto

موټر

Motoor

سونګ توکي

Kraftstoff

پټرول سټیشن

Tanksteed

ترافیکي نښه

Verkehrsschild

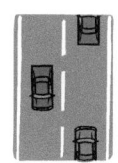

ترافیک

Verkehr

جام ترافیک

Stau

د موټرو تمځای

Afstellplatz

د ریل سټیشن

Bahnhoff

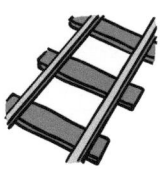

پاټکي

Sporen

ریل

Tog

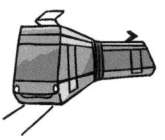

ټرام

Stratenbahn

واګون

Wagon

چورلکه
Dwarsmöhl

هوايي ډګر
Flooghaven

برج
Tower

مسافر
Fohrgast

کانتينر
Grootkist

کارتون
Karton

کارت
Koor

ټوکری
Korf

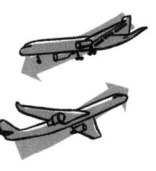

الوتنه کول/کښېناستل
starten / lannen

ښار

Stadt

کلی
Dörp

د ښار مرکز
Binnenstadt

کور
Huus

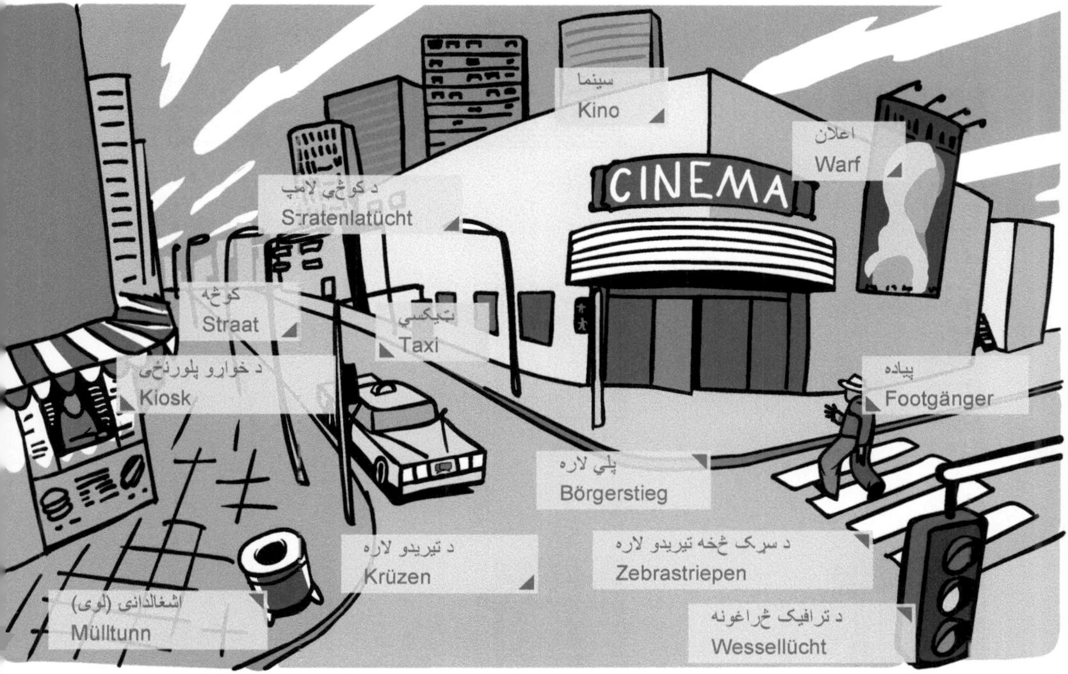

سینما
Kino
اعلان
Warf
CINEMA
د کوڅې لامپ
Stratenlatücht
کوڅه
Straat
ټیکسي
Taxi
د خوارو پلورنځی
Kiosk
پیاده
Footgänger
پلې لاره
Börgerstieg
د تیریدو لاره
Krüzen
د سړک څخه تیریدو لاره
Zebrastriepen
اشغالدانی (لوی)
Mülltunn
د ترافیک څراغونه
Wessellücht

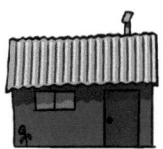

کوډله

Hütt

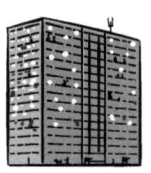

اپارتمان

Wahnung

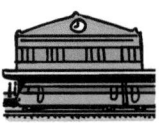

د ریل سټیشن

Bahnhoff

ټاون هال

Raathuus

MUSEUM

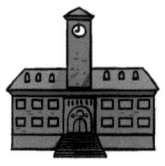

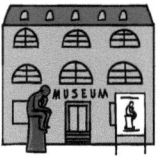

میوزیم

Museum

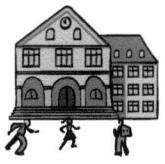

ښوونځی

School

پوهنتون

Universität

بانک

Bank

روغتون

Krankenhuus

هوټل

Hotel

درملتون

Afteek

دفتر

Büro

کتاب پلورنځی

Bookhökerie

پلورنځی

Hökerie

د ګلانو پلورنځی

Blomenhökerie

لوی پلورنځی

Supermarkt

مارکیت

Markt

د دیپارټمنت سټور

Koophuus

کب پلورنځی

Fischhökerie

د پلور مرکز

Inkoopszentrum

لنګرتون

Haven

پارک

Parkanlaag

بينچ

Bank

پل

Brüch

زينه

Trepp

د ښکتي لاندي

Ünnergrundbahn

تونل

Tunnel

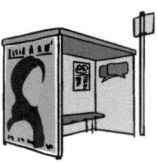

بس تمخای

Busstoppsteed

بار

Bar

ريستورانت

Spieslokal

پوست بکس

Breefkassen

د کوڅي نښه

Stratenschild

د پارک کولو ميټر

Parkklock

ژوبڼ

Deertenpark

د لامبو حوض

Baadanstalt

مسجد

Moschee

کرونده

Buernhoff

ناپاکي

Ümweltversmudden

هدیره

Karkhoff

چرچ

Kark

د لوبو ډګر

Speelplatz

معبد/کلیسا

Tempel

منظره

Landschop

پاڼه
Blatt

د لارښوونی نښه
Wiespahl

لاره
Weg

چمن
Wisch

کاڼی
Steen

هیکر
Wannerer

ونه
Boom

سیند
Fluss

واښه
Gras

ګل
Bloom

دره
....
Daal

غوندی
....
Barg

ناور
....
See

خنګل
....
Holt

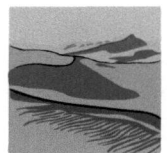

دشته
....
Wööst

اورشیندی
....
Füerspien Barg

کلا
....
Slott

رنګین کمان
....
Regenbagen

مرخیړي
....
Poggenstohl

پلم ونه
....
Palm

ماشي
....
Steekmück

الوتل
....
Fleeg

میږی
....
Miegeemk

مچی
....
Imm

غوند/جولا
....
Spinn

کونگت

Sebber

چونگبشه

Pogg

نولی

Katteker

زیرکی

Swienegel

سوی

Haas

کونگ

Uul

مرغی

Vagel

قازه

Swaan

نرخوک

Wildswien

هوسی

Hirsch

گاوزه

Elk

بند

Staudamm

بادي توربين

Windrad

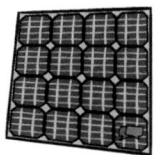

سولر تختی

Solarmodul

اقلیم

Klima

ریسټورانټ
Spieslokal

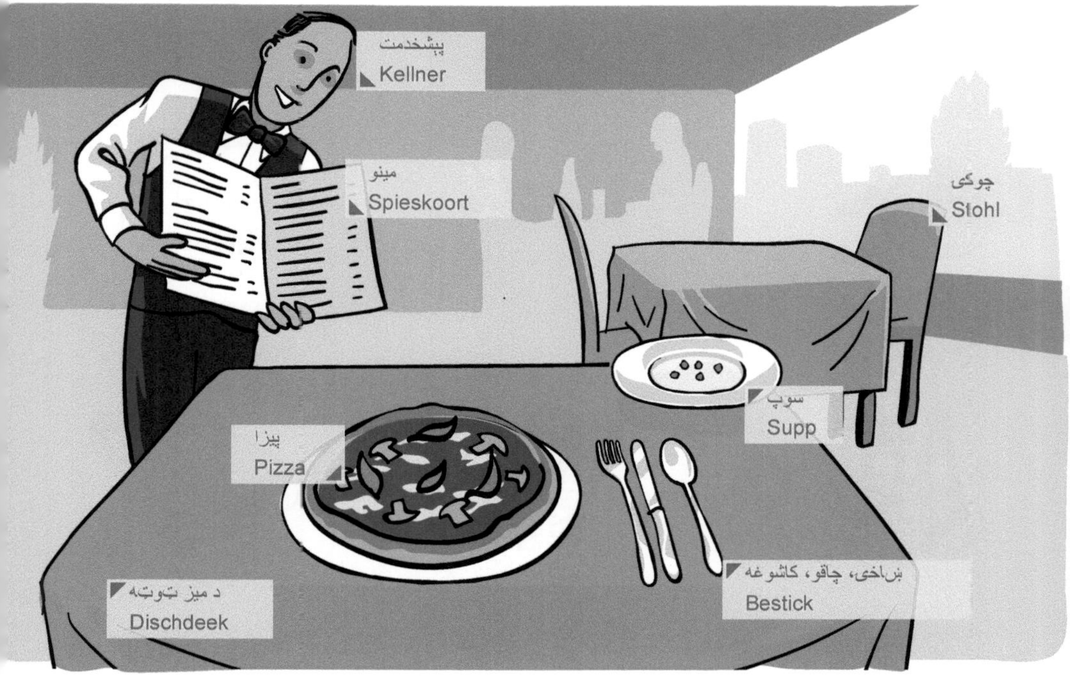

پیشخدمت
Kellner
مینو
Spieskoort
چوکۍ
Stohl
سوپ
Supp
پیزا
Pizza
ښاخې، چاقو، کاشوغه
Bestick
د میز ټوټه
Dischdeek

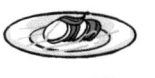

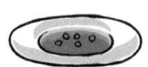

ستارټر
Vörspies

اصلي خواړه
Hauptteten

شیريني
Nadisch

څښاک
Drünk

خواړه
Eten

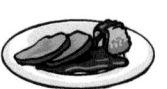

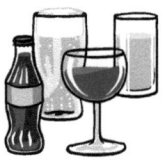

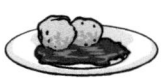

بوتل
Buddel

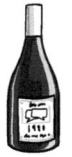

فاست فود

Fastfood

د کوڅي خواره

Strateneten

چای جوش

Teekann

قندانئ

Zuckerdoos

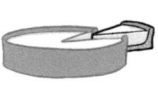

برخه

Portschoon

اسپرسو مشین

Espressomaschien

لوړه چوکۍ

Hoochstohl

رسید

Reken

مجمه

Tablett

چاکو

Mess

پنجه

Gavel

قاشق

Lepel

چای قاشق

Teelepel

سورویت

Munddook

گلاس

Glas

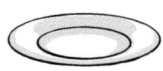

پلیټ

Töller

د سوپ پلیټ

Suppentöller

نالبکی

Ünnertass

ساس

Sooß

مالګه شیندونکی

Soltstreuer

د مرچ ټکولو لوخی

Pepermöhl

سرکه

Etig

غوري

Ööl

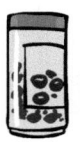

مساله

Krüder

کچ اپ

Ketchup

شرشم

Mostrich

چکه

Mayonnaise

لوی پلورنځی
Supermarkt

خانګړی وړاندیز
Anbott
پیرودونکی
Kunn
FOR
لبنیات
Melkprodukten
مېوه
Aaft
لاسي ځرخ
Inkoopswagen

BUTCHERS

قصابي
....
Slachterie

BAKERY

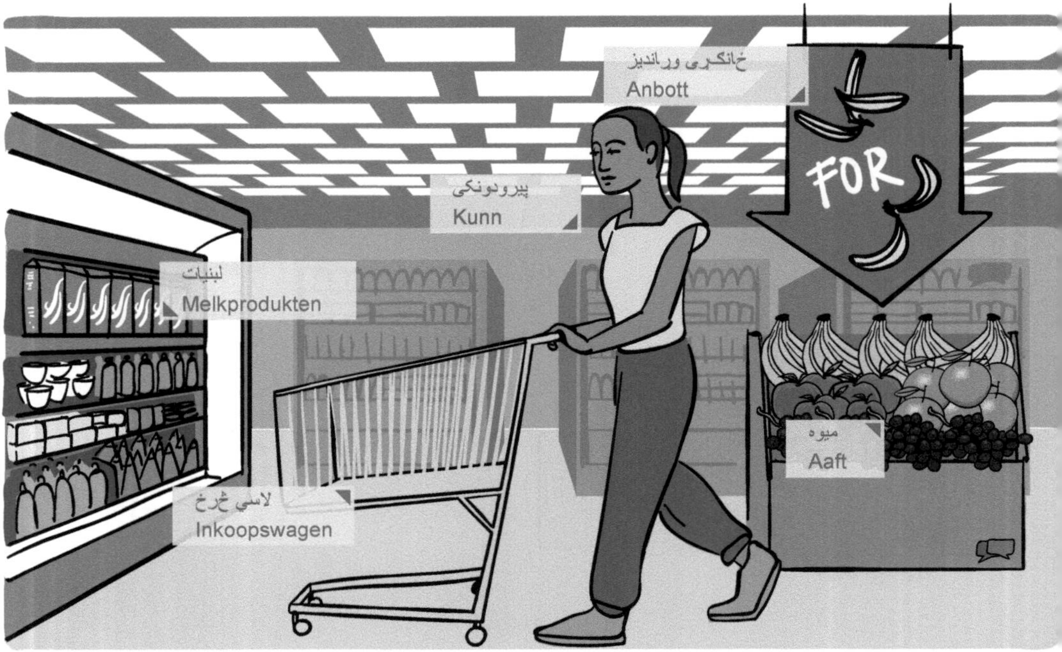

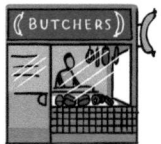

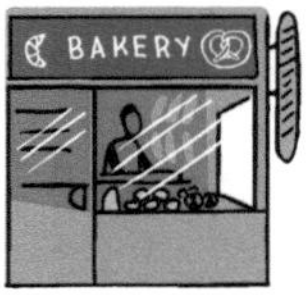

نانوایی
....
Bäckerie

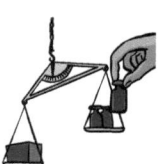

وزن کول
....
wegen

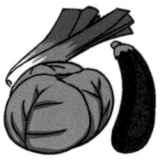

سبزیجات
....
Gröönsaken

غوښه
....
Fleesch

کنګل خواړه
....
Deepköhlkost

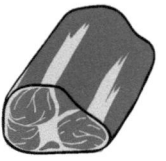

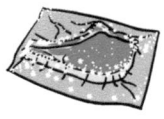

يخه غوشه

Opsnitt

كنسروا خواره

Konserven

د مينځلو پودر

Waschmiddel

شيريني

Snoopkraam

كورني توليدات

Huushooltssaken

د پاكولو محصولات

Reinmaaktüüch

د پلور فرد

Verköpersche

د نغدي راجستر

Kass

صراف

Kasserer

د پيرود ليست

Inkoopslist

كاري ساعتونه

Opsparrtieden

بټوه

Breeftasch

كريديت كارت

Kreditkoort

كڅوره

Tasch

پلاستيک كڅوره

Plastiktüüt

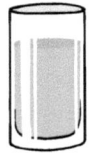

اوبه

Water

جوس

Saft

شیده

Melk

کوک

Cola

واین

Wien

بیر

Beer

الکول

Spriet

ککاو

Kakao

چای

Tee

کافی

Koffie

اسپرسو

Espresso

کپچینو

Cappucino

کیله

Banaan

منه

Appel

نارنج

Appelsien

هندوانه

Meloon

لیمو

Zitroon

گازره

Wöttel

هوږه

Knuuvlook

بانکس

Bambus

پیاز

Zibbel

مرخيړي

Poggenstohl

چغزی

Nööt

آش

Nudeln

سپيگتي
Spaghetti

وريجي
Ries

سلاد
Salat

چپس
Pommes frites

سره كري كچالو
Braadkantüffeln

پيزا
Pizza

همبرګر
Hamborger

ساندويچ
Sandwich

كتره
Snitzel

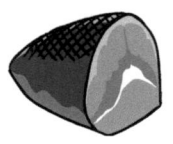

د پتون غوښه
Schinken

سلمي
Salami

ساسچ
Wust

چرګ
Hohn

روست
Braden

كب
Fisch

د وربشي شيرني

Haverflocken

موسلي

Müsli

د جوار پلی

Cornflakes

اوره

Mehl

کروسانت

Croissant

د ډوډۍ رول

Rundstück

ډوډۍ

Broot

ټوسټ

Toast

بسکيټ

Keksen

کوچ

Botter

چکه

Quark

کيک

Koken

هګۍ

Ei

پښي هګۍ

Spegelei

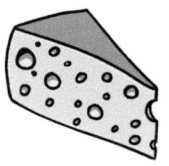

پنير

Kees

آیس کریم

Ies

بوره

Zucker

شهد

Honnig

مربا

Marmelaad

نوگسات کریم

Nougat-Creme

کورکمان

Curry

کرونده

Buernhoff

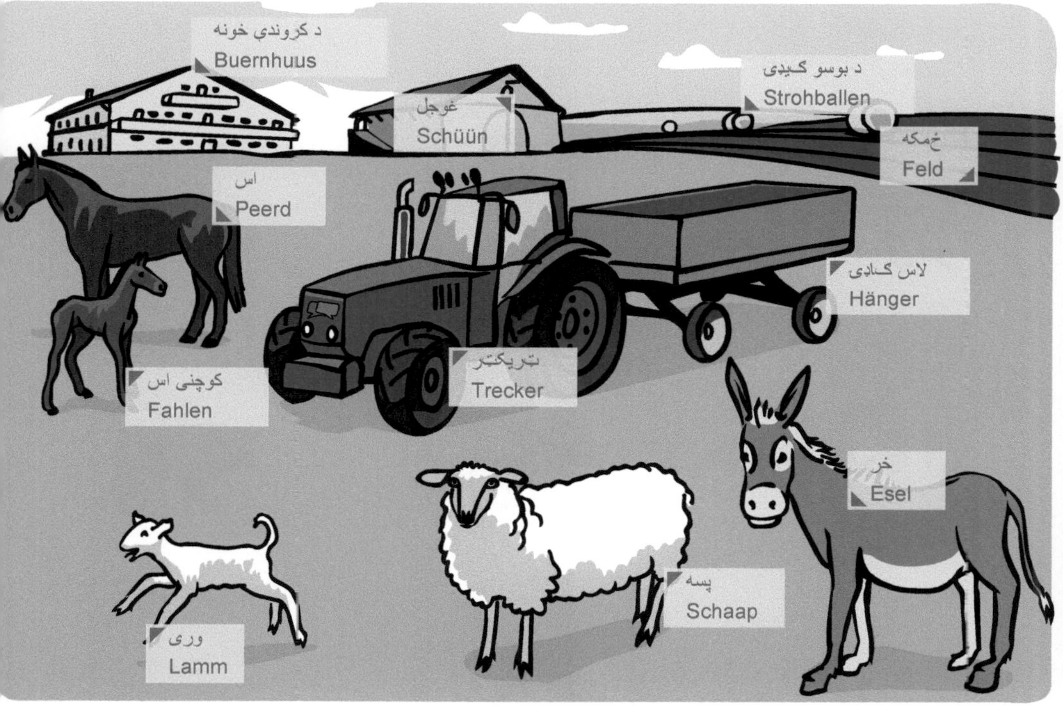
د کروندې خونه
Buernhuus
غوجل
Schüün
د بوسو گیډی
Strohballen
ځمکه
Feld
اس
Peerd
لاس گاډی
Hänger
کوچنی اس
Fahlen
تریکټر
Trecker
خر
Esel
پسه
Schaap
وری
Lamm

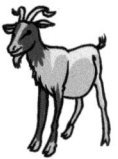

وزه

Zeeg

غوا

Koh

خوسکی

Kalf

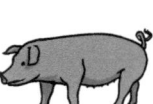

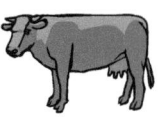

خوگ

Swien

د خوگ بچی

Farken

غویی

Bull

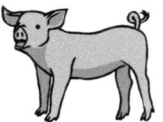

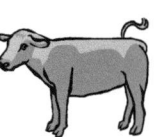

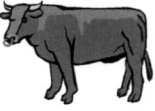

بتﮧ

Goos

ﻫﯿﻠﯽ

Aant

چرکﻮری

Küken

چرکﮫ

Hohn

بانگﻲ

Hahn

سارای موږک

Rott

پﯿﺸﮏ

Katt

موږک

Muus

غوﯾﯽ

Oss

سﭙﯽ

Hund

د سﭙﻲ خونﮫ

Hunnenhütt

د باغ هوز

Goornslauch

د اوبو لولخﯽ

Geetkann

لور (داس)

Lee

یوی

Ploog

لور

Sich

رمبى

Hack

بڼاخى

Mestfork

تبر

Ext

كراچى

Schuufkoor

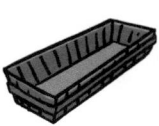

ناوه

Trog

د شيدو لوخى

Melkkann

جوال

Sack

كتّاره

Tuun

مضبوط

Stall

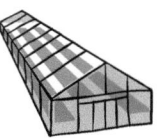

ښنه خونه

Drievhuus

خاوره

Bodden

تخم

Saat

سره/كود

Dünger

گډ ريبونكى ماشين

Meihdöscher

زيرمه كول

oornen

درمند

Oorn

خواږه كچالو

Yamswöttel

غنم

Weten

سويا

Soja

كچالو

Kantüffel

جوار

Törksche Weten

نباتي تخم

Rapp

د ميوي ونه

Aaftboom

مانيوك

Troopsch Kantüffel

غله

Koorn

کور

Huus

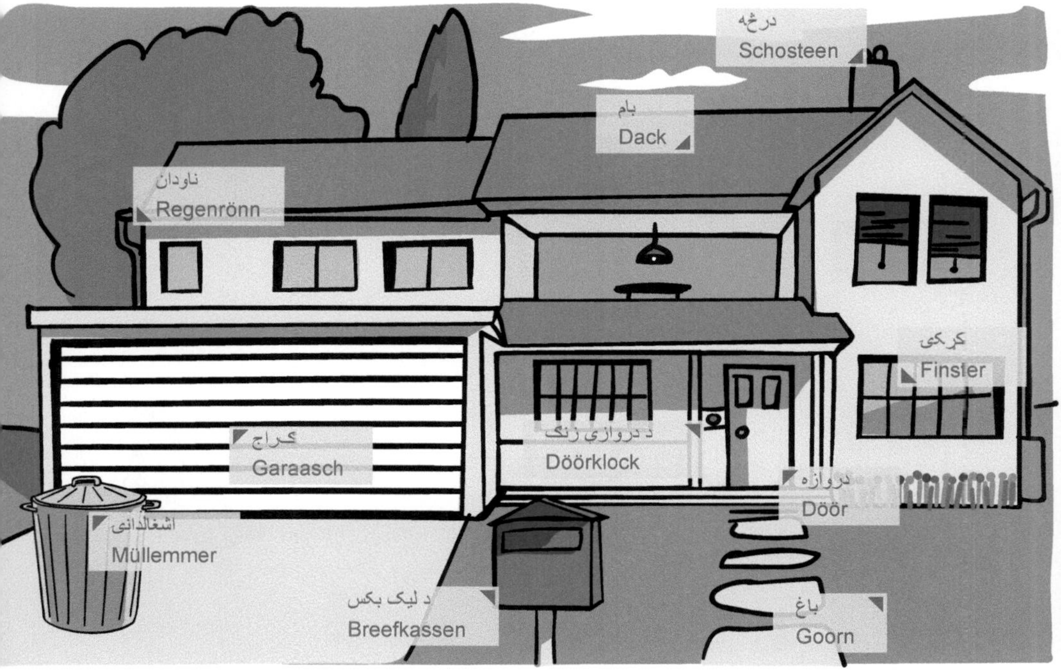

درڅه
Schosteen
بام
Dack
ناودان
Regenrönn
کړکۍ
Finster
ګراج
Garaasch
د دروازې زنګ
Döörklock
دروازه
Döör
اشغالدانی
Müllemmer
د لیک بکس
Breefkassen
باغ
Goorn

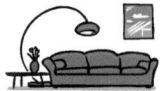

د اوسیدو خونه

Wahnstuuv

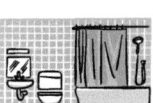

حمام

Baadstuuv

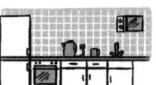

پخلنځی

Köök

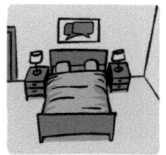

د ویده کیدو خونه

Slaapstuuv

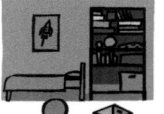

د ماشوم خونه

Kinnerstuuv

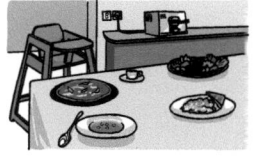

د خوارو خونه

Eetstuuv

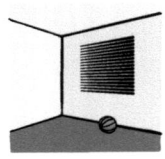

فرش
Footbodden

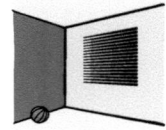

لاوید
Wand

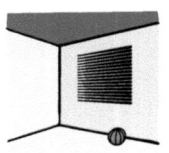

چت
Deek

زیرخانه
Keller

سونا
Hittluftbad

بالکونی
Balkon

تراس
Terrass

حوض
Swümmbad

د چمن وهلو ماشین
Rasenmeiher

ثیت
Bettbetog

روجایی
Bettdeek

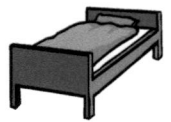

تخت
Puuch

جارو
Bessen

بوکه
Emmer

سویچ
Schalter

د اوسیدو خونه

Wahnstuuv

والپیپر
Tapeet
عکس
Bild
لامپ
Lamp
شیلف
Regal
الماری
Schapp
تلویزیون
Kiekkassen
نغری
Kamin
ګل
Bloom
بالښت
Küssen
صوفه
Sofa
ګلدانی
Vaas
ریموټ کنټرول
Feernbedenen

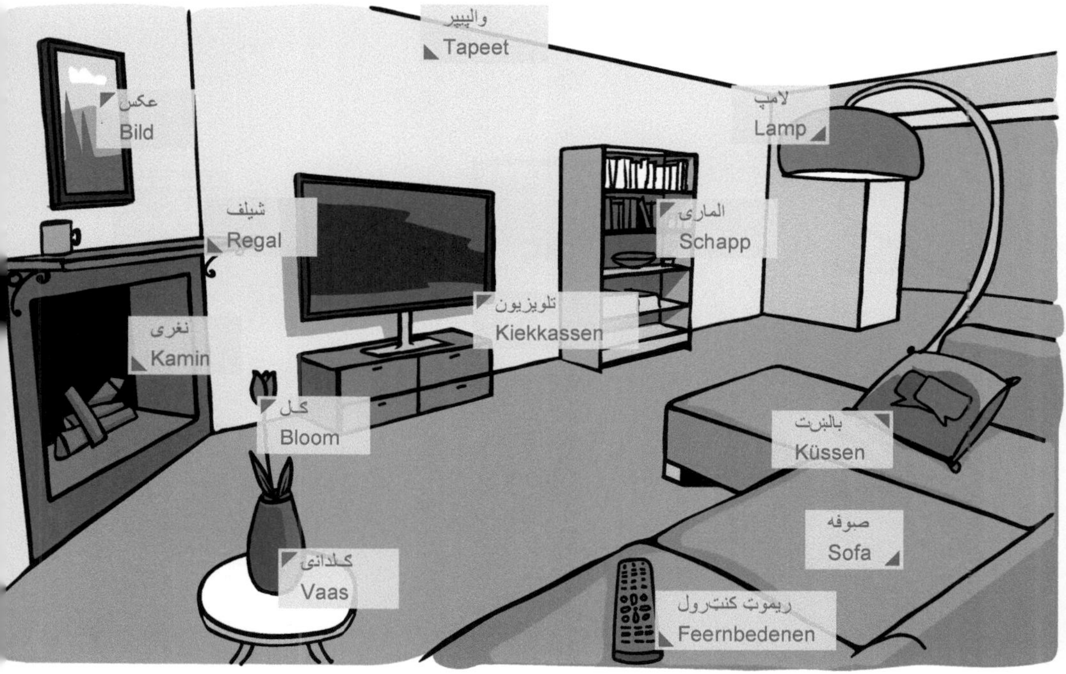

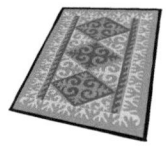

غالی

Teppich

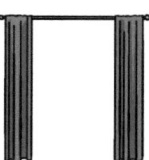

پرده

Vörhang

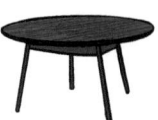

میز

Disch

چوکۍ

Stohl

تاویدونکي چوکۍ

Schuckelstohl

بازو لرونکی چوکۍ

Sessel

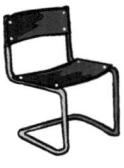

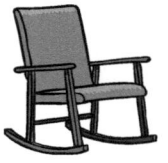

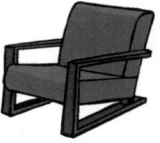

كتاب
....
Book

كمپل
....
Deek

ديكوريشن
....
Dekoratschoon

د اور لرګي
....
Füerholt

فلم
....
Film

هايـفاى
....
Stereoanlaag

كلي
....
Slötel

ورځپاڼه
....
Narichtenblatt

نقاشي
....
Gemälde

پوستر
....
Poster

راديو
....
Radio

كتابچه
....
Opschrievblock

واكيوم جارو
....
Huulbessen

كاكتوس
....
Kaktus

شمع
....
Kars

پخلنځی
Köök

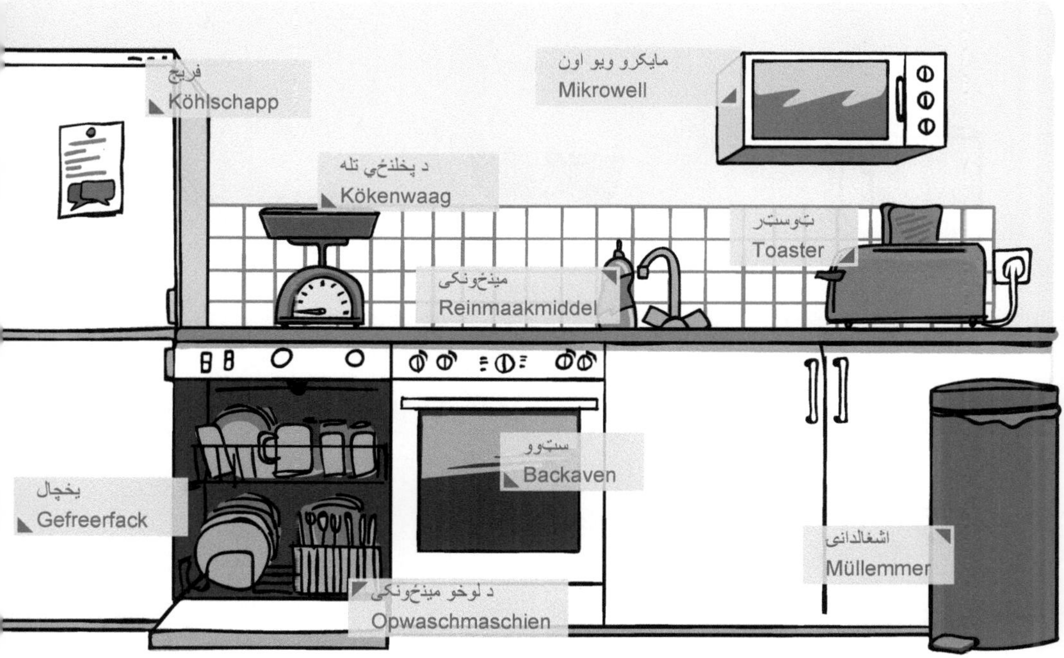
فریج
Köhlschapp
مایکرو ویو اون
Mikrowell
د پخلنځي تله
Kökenwaag
ټوسټر
Toaster
مینځونکی
Reinmaakmiddel
سټوو
Backaven
یخچال
Gefreerfack
اشغالدانی
Müllemmer
د لوخو مینځونکی
Opwaschmaschien

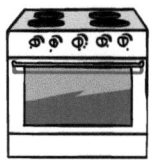

دیګ بخار

Heerd

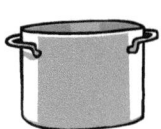

لوخی

Pott

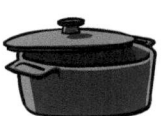

چدني لوخی

Gussiesern Putt

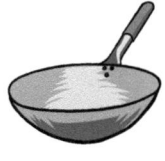

ووک

Wok / Kadai

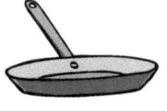

د تلي په

Pann

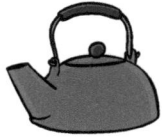

چای جوش

Waterkaker

د بخار دیگ

Dampkaakputt

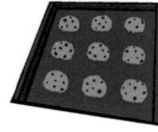

پټنوس

Backblick

لوخي

Geschirr

مک

Beker

كاسه

Schaal

د رانيولو اوزار

Eetsticken

څمڅی

Suppenkell

کفګیر

Pannenwenner

پاکونکی

Sneebessen

صافي

Kaakseef

غلبیل

Seef

ګریتر

Riev

اونګ

Mörser

بار بي کيو

Grill

خلاص اور

Füerstell

تخته

Sniedbrett

هوارونکی

Nudelholt

کارک سکریو

Proppentrecker

بټیم

Doos

د بټیم خلاصونکی

Dosenaapner

د لوخي بټوبته

Pottlappen

ظرف شوی

Waschbecken

برس

Böst

سپنج

Swamm

بلیندر

Mixer

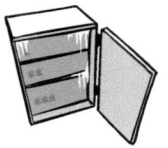

ژور یخچال

Iesschapp

د ماشوم بوتل

Nuckelbuddel

نل

Waterhahn

حمام

Baadstuuv

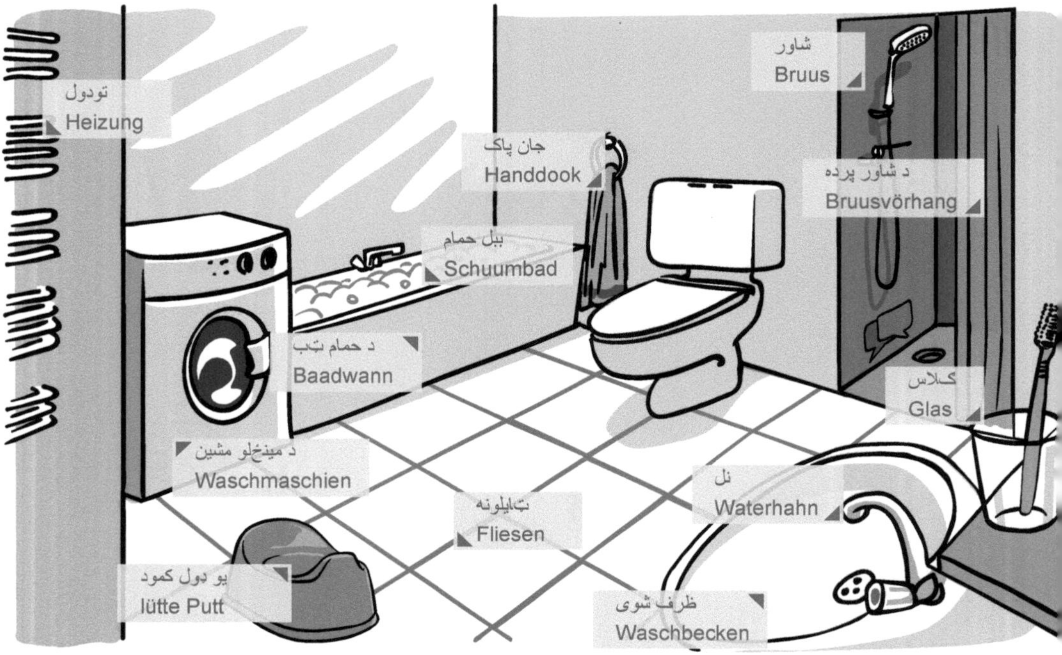

تودول
Heizung
جان پاک
Handdook
شاور
Bruus
د شاور پرده
Bruusvörhang
ببل حمام
Schuumbad
د حمام تب
Baadwann
ګلاس
Glas
د مینځلو مشین
Waschmaschien
نل
Waterhahn
ټايلونه
Fliesen
يو دول کمود
lütte Putt
ظرف شوی
Waschbecken

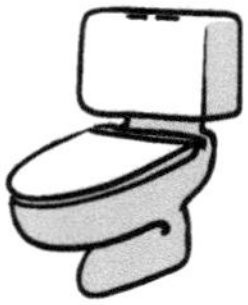

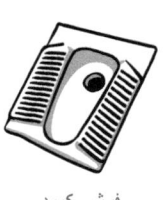

تشناب

Tante Meier

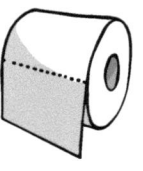

فرشي کمود

Hockklo

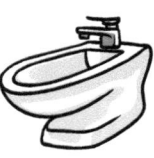

کمود

Bidet

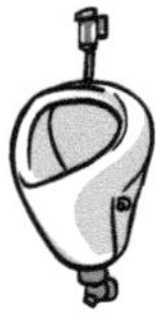

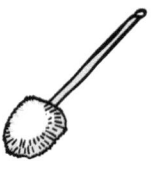

د متیازو ځای

Miegbecken

تشناب کاغذ

Klopapeer

د تشناب برس

Kloböst

د غاښونو برس

Tähnböst

د غاښونو کریم

Tähnpast

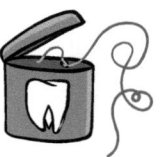

د غاښونو نخ

Tähnsied

مینځل

waschen

لاسي شاور

Handbruus

دوش

Intimbruus

خانک

Waschschöttel

د شا برس

Rüchböst

صابون

Seep

د شاور ژل

Bruusgeel

شامپو

Hoorwaschmiddel

فلانل جامه

Waschlappen

وچول

Afloop

کریم

Creme

سپری

Deodorant

آینه
....
Spegel

آینه لاسي
....
Kosmetikspegel

ریزر
....
Raserer

د خریلو فوم
....
Raseerschuum

د خریلو وروسته
....
Raseerwater

ګمنځ
....
Kamm

برس
....
Böst

د ویښتانو وچونکی
....
Hoordröger

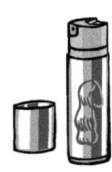

د ویښتانو سپری
....
Hoorspray

میک اپ
....
Smink

لیپ ستیک
....
Lippensticken

د نوکانو پاڼش
....
Nagellack

کاټن وری
....
Watt

ناخن ګیر
....
Nagelscheer

عطر
....
Rüükwater

د ميذخلو كٹوره

Kulturbüdel

ستول

Schemel

د وزن كولو تله

Waag

د حمام پوښاک

Baadmantel

د ربر دستكش

Gummihanschen

تمامپون

Tampon

صحیی جان پاک

Damenbinn

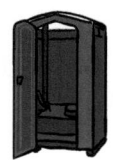

كيميكل تشناب

Chemieklo

د ماشوم خونه

Kinnerstuuv

د الارم ساعت
Wecker
د لوبو وسايل
Knudeldeert
د نانځکي موټر
Speeltüüchauto
ريتل
Klöter
د نانځکو خونه
Poppenhuus
ډالی
Geschenk

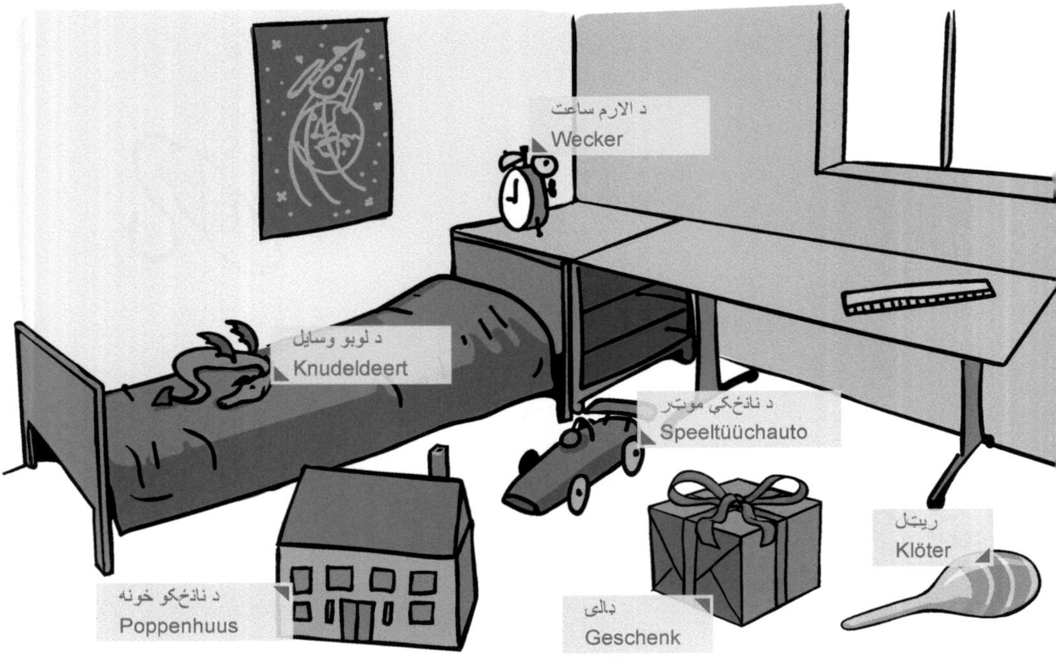

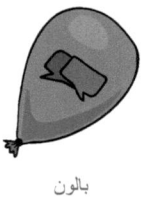

بالون

Luftballon

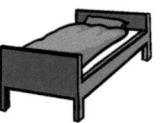

تخت

Puuch

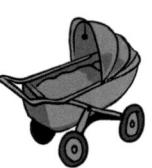

کالسکه

Kinnerwagen

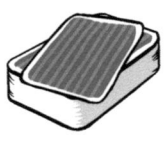

د لوبو ورقي

Koortenspeel

جيګسا

Puzzle

SUPER MEGA

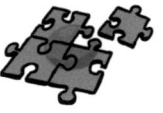

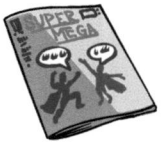

مسخره

Billergeschicht

ليګو بريک

Legostenen

د ناذخکو بلاک

Bustenen

د اکشن فیګور

Action-Figur

د ماشوم پوښاک

Strampelantog

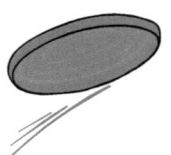

فريزبي

Frisbeeschiev

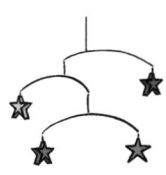

موبايل

Mobile

بورد لوبه

Brettspeel

تاس

Wörpel

مادل ريل سيټ

Modelliesenbahn

ګونګشی

Snuller

پارتي

Party

د عکسونو البوم

Billerbook

بال

Ball

ناذخکه

Popp

لوبیدل

spelen

د شګو کنده

Sandkassen

سوينګ

Schuckel

نانخُکي

Speeltüüch

د ويډيو لوبو کنسول

Speelkonsool

تِرای سايکل

Dreerad

ګوډکه

Teddyboor

د کالو الماری

Klederschapp

پوښاک

Tüüch

جرابي

Socken

لوړي جرابي

Strümp

تَايتس

Strumpbüx

زروکی
Halsdook

چتری
Paraplü

تي شرت
T-Shirt

کمربند
Liefreem

بوتان
Stevel

سلپر
Puuschen

سنیکر
Turnschch

سیندل
Sandalen

بوتان
Schoh

د ربر بوتان
Gummistevel

زیرنیکري
Ünnerbüx

سینه بند
Bostholler

واسکت
Ünnerhemd

بادي

Lief

پتلون

Büx

جينز

Jeansnüx

لمن

Rock

بلاوز

Bluus

ثرت

Hemd

بنيان

Pullover

سويتر

Kapuzenpullover

بليزر

Blazer

جاكت

Jack

كوت

Mantel

د باران کوت

Övertrecker

پوښاک

Kostüm

كالي

Kleed

د واده پوښاک

Hochtietskleed

دريشي
Antog

د شپي پوښاک
Nachtkleed

پاجامه
Slaapantog

ساري
Sari

لوپټه
Koppdook

پټکی
Turban

برقه
Burka

کفتن
Kaftan

عبا
Abaya

د لامبو پوښاک
Baadantog

نیکر
Baadbüx

شارټ
Korte Büx

د خُغاستی پوښاک
Antog to'n Öven

پیش بند
Schört

دستکش
Handschoh

بيتن

Knopp

عينک

Brill

لاس بند

Armband

غاره کی

Halskeed

گوتمه

Ring

غوږووالۍ

Ohrbummel

خولۍ

Mütz

کوت بند

Klederbögel

خولۍ

Hoot

نتايی

Binner

چنخير

Rietslüter

هیلمیت

Helm

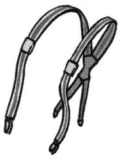

ترونکی

Drachtband

د ښوونځي يونيفارم

Schooluniform

يونيفارم

Uniform

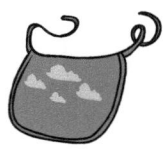

بيب
....
Severböten

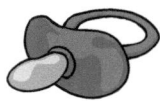

گـونگـشی
....
Snuller

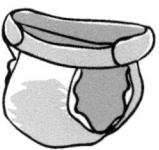

نيپي
....
Winnel

دفتر
Büro

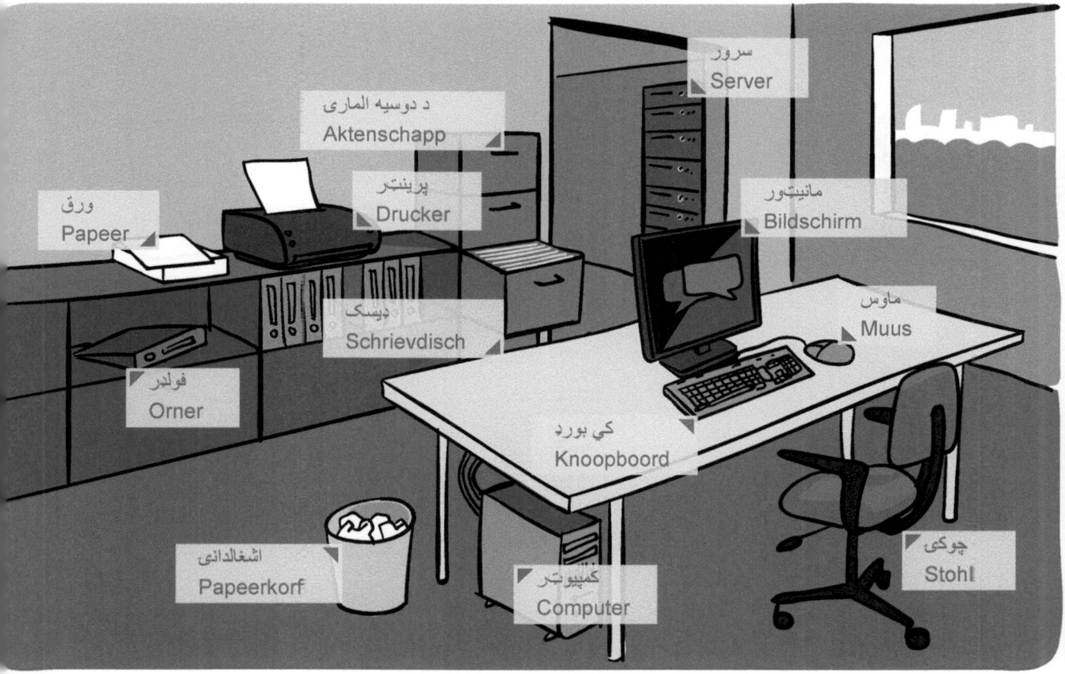
سرور
Server
د دوسيه الماری
Aktenschapp
پرينټـر
Drucker
ورق
Papeer
مانيټـور
Bildschirm
ماوس
Muus
ډيسک
Schrievdisch
فولډر
Orner
کي بورډ
Knoopboord
اشغالدانی
Papeerkorf
کمپيوټـر
Computer
چوکی
Stohl

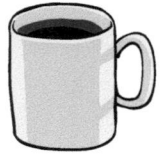

د کافي پیاله
....
Koffiebeker

کالکوليټـر
....
Taschenreekner

انټـرنيټ
....
Internet

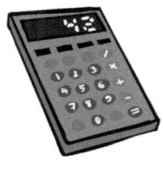

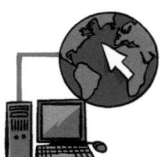

لیپ تاپ

Klappreekner

لیک

Breef

پیغام

Naricht

موبایل

Ackersnacker

نیټورک

Nettwark

فوتوکاپیر

Kopeerapparat

سافټویر

Software

تلیفون

Klöönkassen

پلګ ساکټ

Steekdoos

فکس مشین

Faxapparat

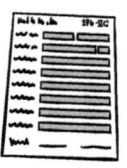

فارم

Formulor

سند

Dokument

پيرل
köpen

تاديه كول
betahlen

سوداگري كول
hanneln

پيسي
Geld

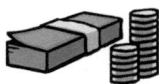

دالر
Dollar

يورو
Euro

ين
Yen

ربل
Ruvel

سويسي فرانک
Swiezer Franken

رينمينبي يوان
Renminbi Yuan

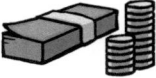

روپی
Rupie

د نغدي پيسو خای
Geldautomat

د اسعارو د تبادلي دفتر

Wesselstuuv

سره زر

Gold

سپین زر

Sülver

تیل

Ööl

انرژي

Energie

نرخ

Pries

قرارداد

Verdrag

مالیه

Stüer

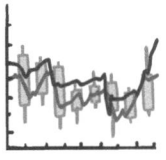

اسهام

Andeelschien

کار کول

arbeiden

کارمند

Anstellte

کار ګومارونکی

Arbeitgever

فابریکه

Fabrik

پلورنځی

Hökerie

مسلکونه

Profeschonen

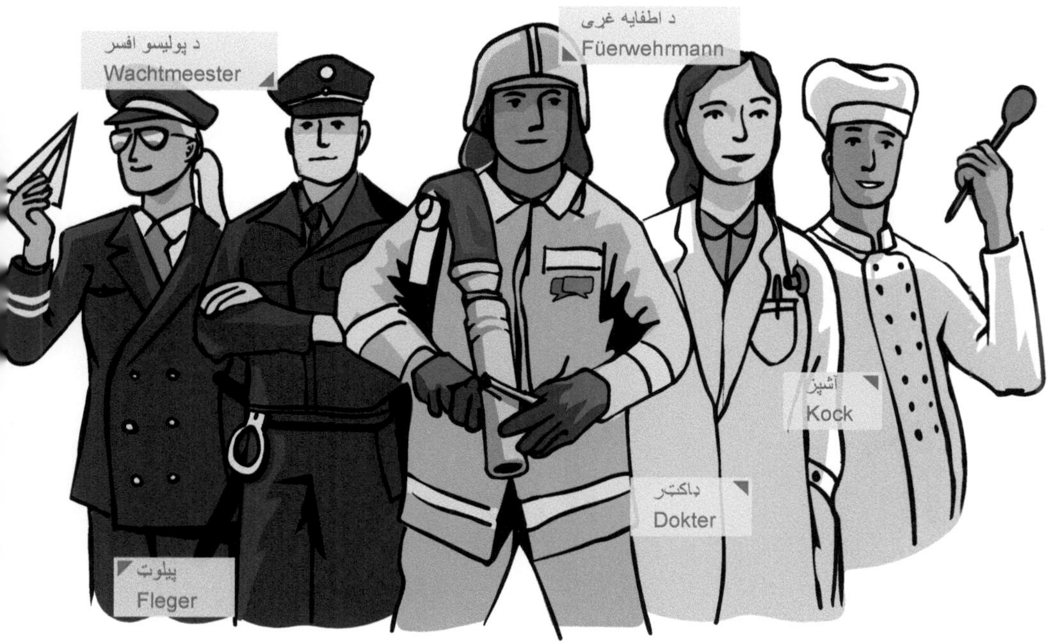
د پولیسو افسر
Wachtmeester
د اطفایه غړی
Füerwehrmann
آشپز
Kock
ډاکټر
Dokter
پیلوټ
Fleger

باغوان

Goorner

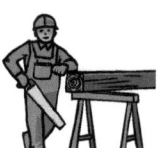

نجار

Discher

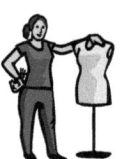

خیاط

Neihersche

قاضي

Richter

کیمیا پوه

Chemiker

د فلم لوبغاړی

Schauspeler

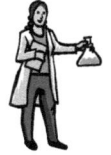

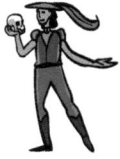

د بس ډرايور

Busfohrer

د ټيکسي ډرايور

Taxifohrer

کب نيونکی

Fischer

خدمه

Reinmaakfru

بام جوړونکی

Dackdecker

پيشخدمت

Kellner

ښکاري

Jäger

نقاش

Maler

نانوا

Bäcker

د برېښنا کارکونکی

Elektriker

تعمیر جوړونکی

Buarbeider

انجنیر

Ingenieur

قصاب

Slachter

نلدوان

Klempner

پوست رسونکی

Postbüdel

سرتیری

Suldat

مهندس

Architekt

صراف

Kasserer

مالیار

Florist

نایی

Putzbüdel

کلیندر

Schaffner

میکانیک

Mechaniker

کپتان

Kaptein

د غابئرونو ډاکتر

Tähndokter

ساینس پوه

Wetenschopler

ښاغلی

Rabbi

امام

Imam

مذهبي نفر

Mönk

پادري

Paap

لوازم
Warktüüch

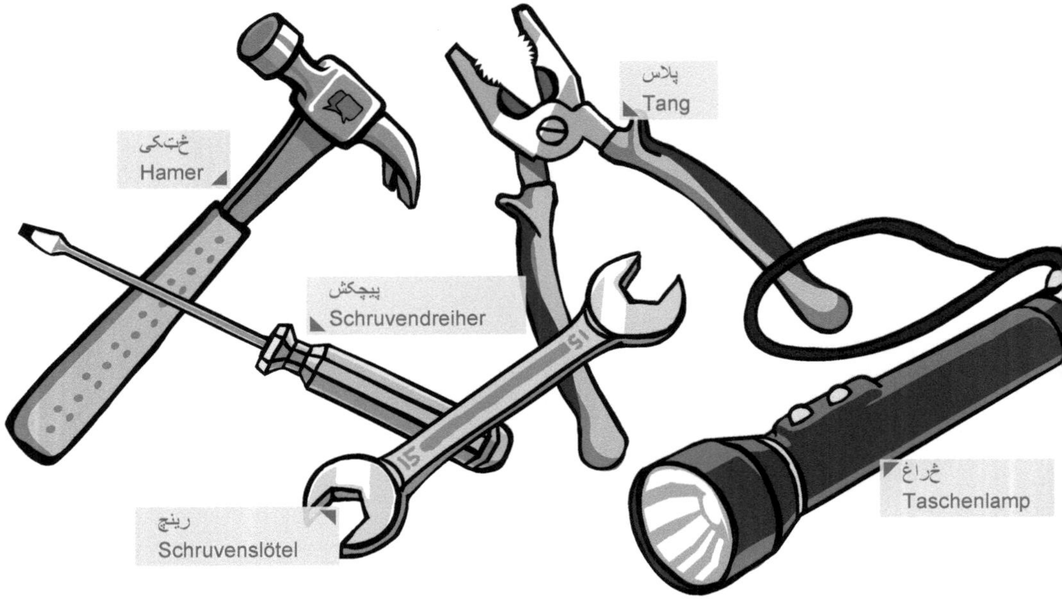
څټکی
Hamer
پلاس
Tang
پیچکش
Schruvendreiher
رینچ
Schruvenslötel
څراغ
Taschenlamp

کنستونکی

Grieper

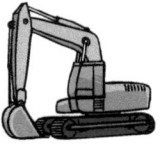

د لوازمو بکس

Warktüüchkassen

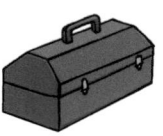

زینه

Ledder

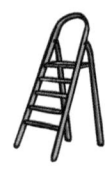

اره

Saag

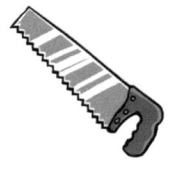

میخونه

Nagels

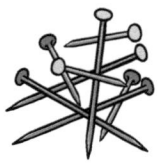

برمه

Bohrer

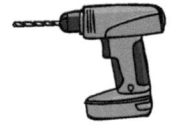

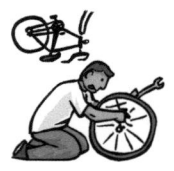

ترمیم کول

heelmaken

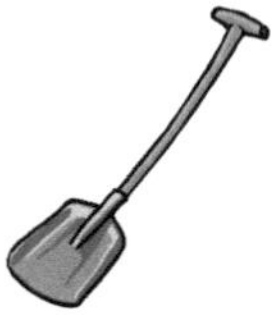

بیل

Schüffel

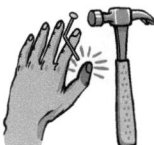

لعنت!

Schiet!

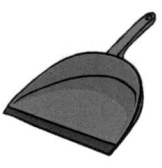

خاک انداز

Kehrblick

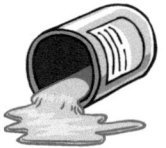

مشوانۍ

Farvpott

پیچونه

Schruven

د میوزیک آلات

Musikinstrumenten

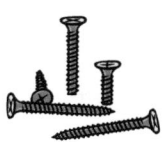

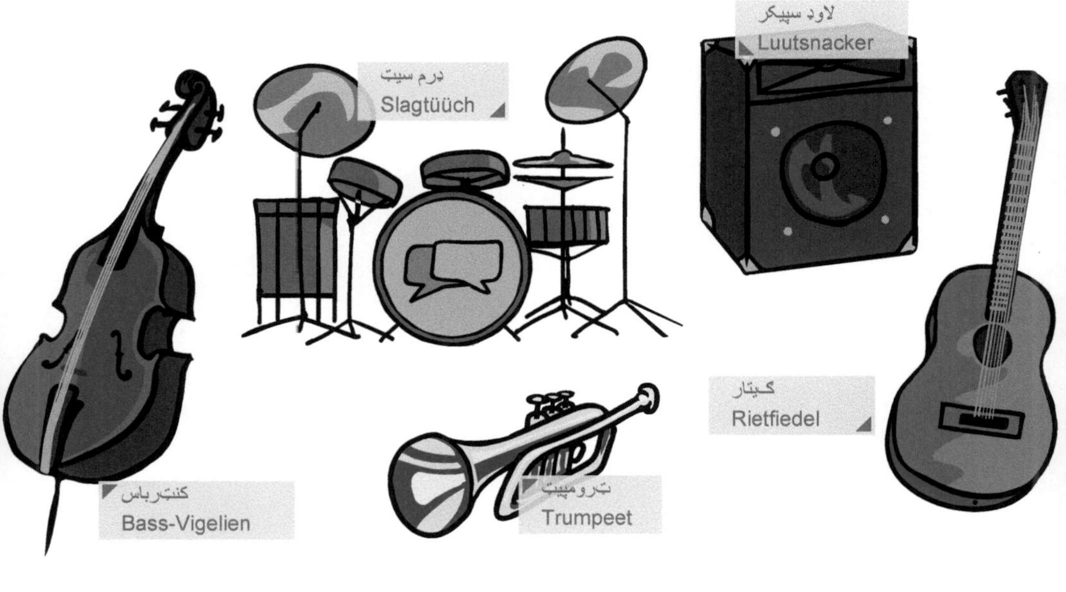
لاود سپیکر
Luutsnacker
درم سیټ
Slagtüüch
ګیتار
Rietfiedel
کنټرباس
Bass-Vigelien
ټرومپیټ
Trumpeet

پیانو

Klaveer

وایلن

Vigelien

باس

Bass

نغاره

Pauk

درمونه

Trummeln

کی بورد

Keyboard

سیکسافون

Saxophon

شپیلی

Fleut

مایکروفون

Mikrofoon

ژوبڼ
Deertenpark

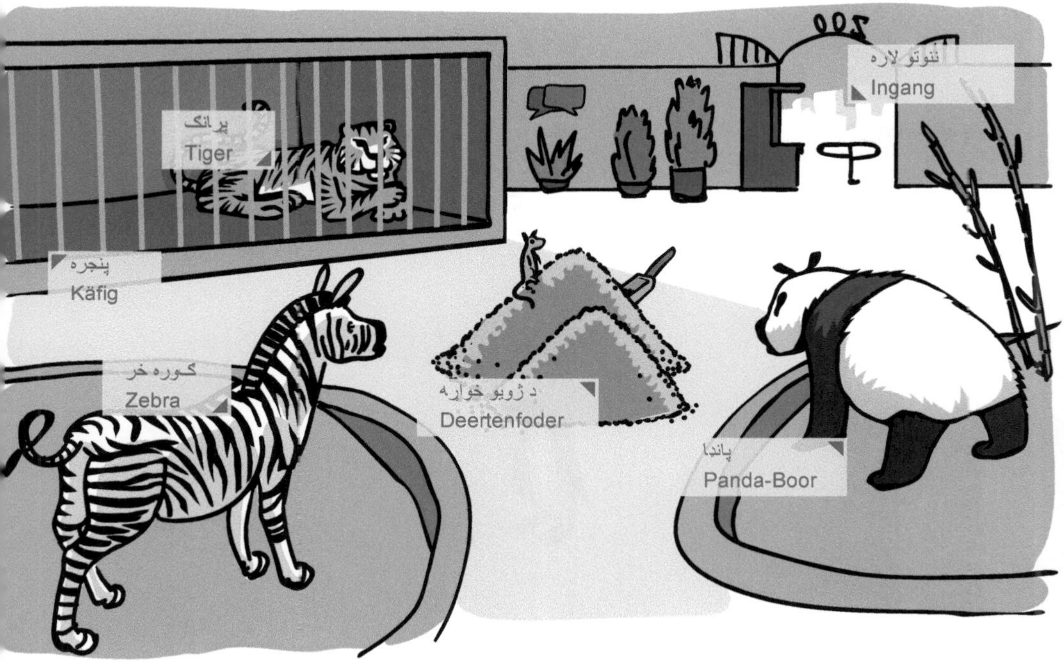
ننوتو لاره
Ingang
پړانګ
Tiger
پنجره
Käfig
ګوره خر
Zebra
د ژويو خواره
Deertenfoder
پاندا
Panda-Boor

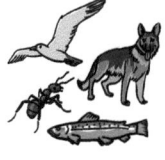

ژوی

Deerten

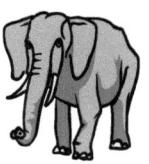

هاتي

Elefant

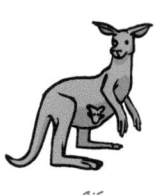

کنګرو

Känguru

د اوبو اسپ

Neeshoorn

ګوريلا

Gorilla

ايږه

Boor

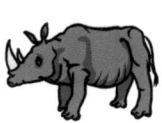

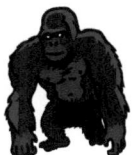

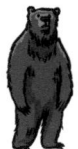

اوښ
....
Kameel

 شترمرغ
....
Struuß

زمری
....
Lööv

بيزو
....
Aap

غزی
....
Flamingo

طوطي
....
Papagoi

قطبي ايرﻩ
....
Iesboor

پينگوين
....
Pinguin

شارک
....
Haifisch

طاوس
....
Pageluun

مار
....
Slang

تمساح
....
Krokodil

ژوبن ساتونکی
....
Oppasser in'n Deertenpark

سيل
....
Saalhund

جگوار
....
Jaguor

يابو

Pony

پرانگ

Leopard

هيپو

Nilpeerd

زرافه

Giraff

باز

Aadler

نرخوک

Wildswien

کب

Fisch

شمشتی

Schildkrööt

سمندري نولی

Walross

گيدره

Voss

هوسی

Gazell

Sport

امریکایی فټبال
Amerikaansch Football

سایکل خُغلول
Radfohren

تېنیس
Tennis

باسکیټبال
Korfball

لامبو
Swümmen

دکنگل هاکي
Ieshockey

باکسینگ
Boxen

فټبال
....
Football

کسیزه
....
Fedderball

د خُغاستي لوبی
....
Leichtathletik

د هندبال
....
Handball

سکي
....
Skilopen

پولو
....
Polo

Aktivitäten

خندل
lachen
ټوپ وهل
springen
غاړه ورکول
ümarmen
ګرځېدل
gahn
سندرې ویل
singen
خوب لیدل
drömen
عبادت کول
beden
مچو کول
snuteln

لیکل

schrieven

کښل

teken

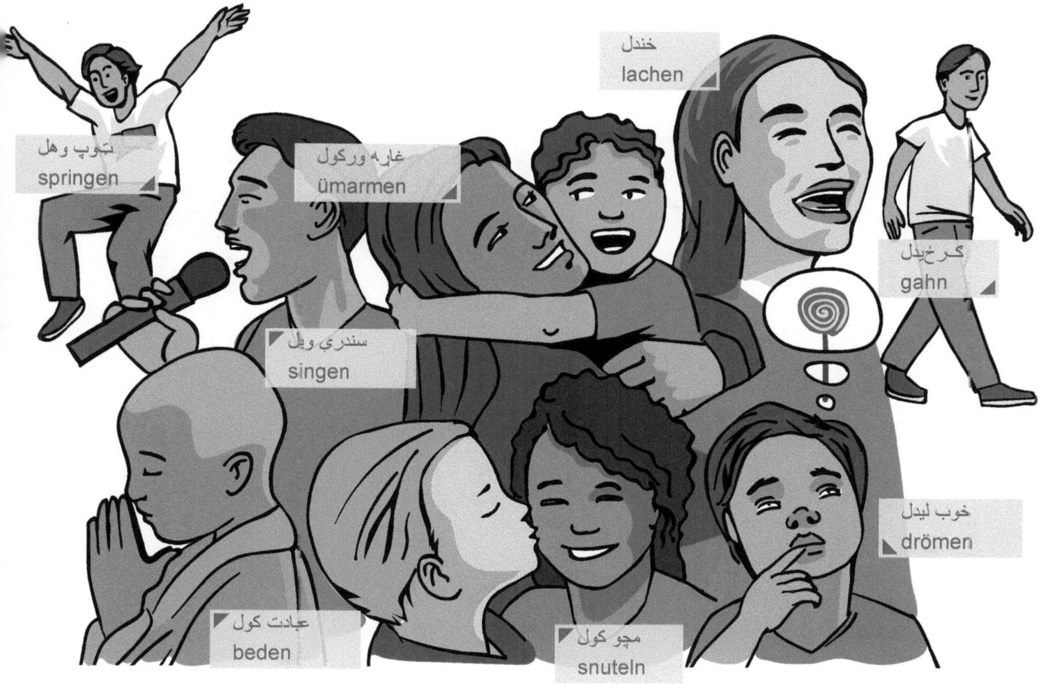

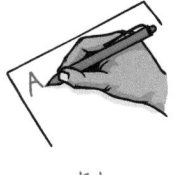

ښودل

wiesen

ټېله کول

drücken

ورکول

geven

اخیستل

nehmen

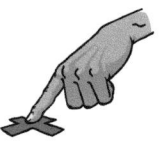

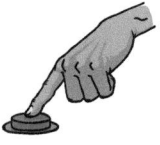

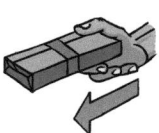

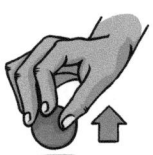

درلودل

hebben

کول

doon

پاییدل

sien

ودريدل

stahn

مندي وهل

lopen

راکبنل

trecken

کوزارل

smieten

لويدل

fallen

خملاستل

liggen

انتظار کول

töven

ورل

dregen

کښيناستل

sitten

پوښاک اغوستل

antrecken

ویده کیدل

slapen

پاخيدل

opwaken

كتل
ankieken

ژرل
wenen

بريد كول
eien

ګمذخ كول
kämmen

خبري كول
snacken

پوهيدل
verstahn

غوښتل
fragen

اوريدل
hören

څښل
drinken

خورل
eten

پاكول
oprümen

مينه كول
leefhebben

پخلی كول
kaken

موتر چلول
fohren

الوتل
flegen

بیری چلول

segeln

حساب

reken

لوستل

lesen

زده کول

lehren

کار کول

arbeiden

واده کول

de Plünnen tohoopsmieten

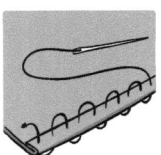

ګنډل

neihen

د غاښونو برس کول

Tähnen putzen

وژل

dootmaken

سګرټ څښل

smöken

لیږل

schicken

Familje

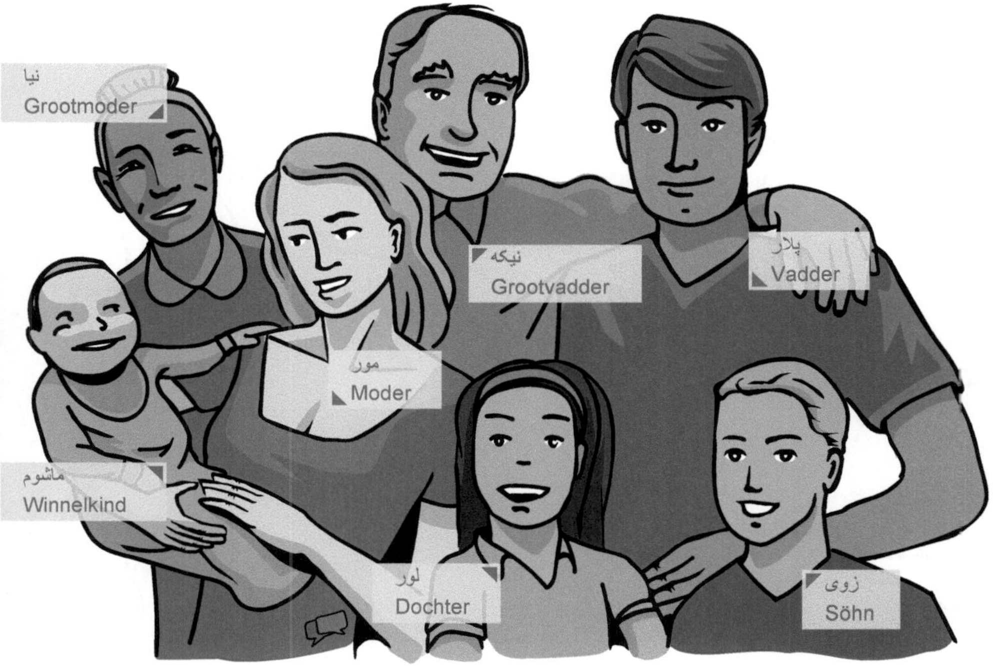
نیا
Grootmoder
نیکه
Grootvadder
پلار
Vadder
مور
Moder
ماشوم
Winnelkind
لور
Dochter
زوی
Söhn

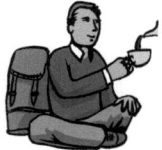

میلمه

Gast

ترور

Tant

کاکا/ماما

Unkel

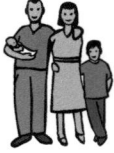

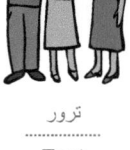

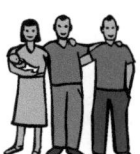

ورور

Broder

خور

Süster

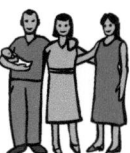

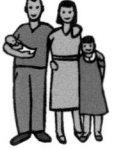

بدن

Lief

تندی
Vörkopp
سترګې
Oog
اوږه
Schuller
ګوته
Finger
مخ
Gesicht
زنه
Kinn
لاس
Hand
سينه
Bost
پښه
Been
مټ
Arm

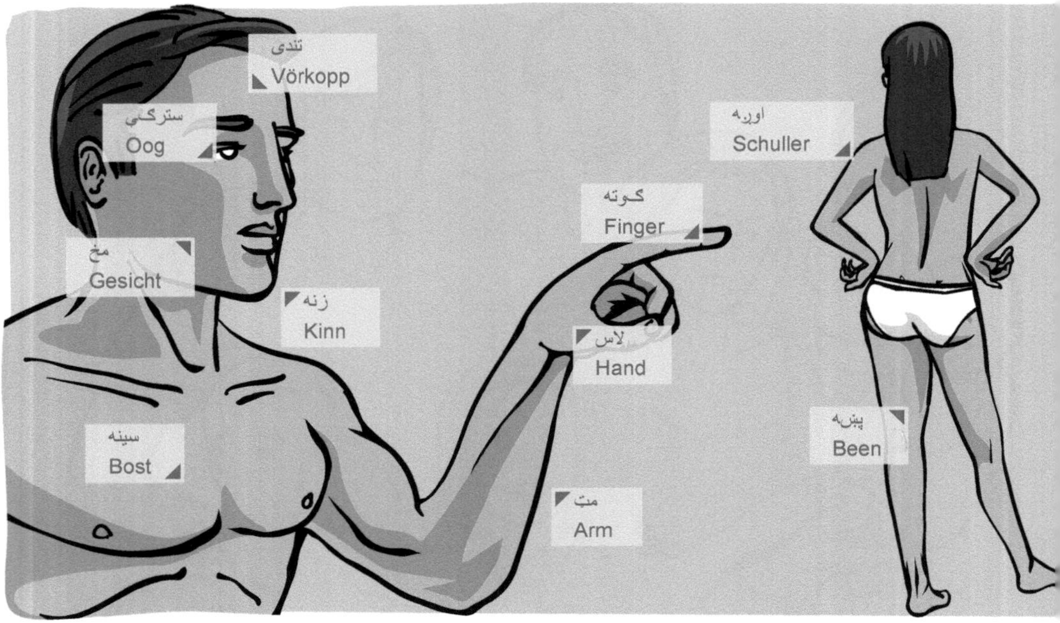

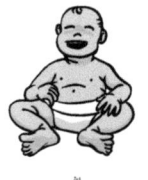

ماشوم

Winnelkind

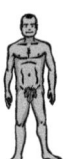

سړی

Mann

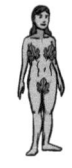

ښځه

Fro

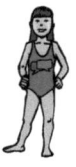

انجلۍ

Deern

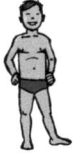

هلک

Jung

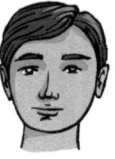

سر

Arm

شا

Rüch

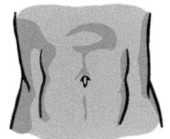

خیټه

Buuk

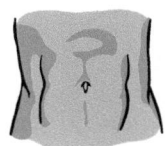

نوم

Navel

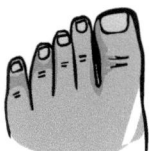

د پښې کوته

Teh

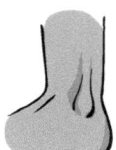

پونده

Hack

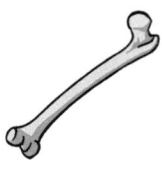

هډوکی

Knaken

کوناتی

Hüft

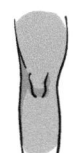

زنګون

Knee

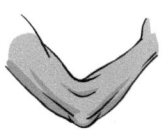

څنګل

Ellbagen

پوزه

Nees

لاندی برخه

Achtersen

پوټکی

Huut

غومبوری

Back

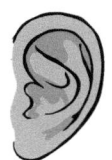

غوږ

Ohr

شونډه

Lipp

خوله

Mund

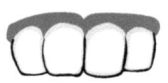

غاښ

Tähn

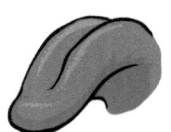

ژبه

Tung

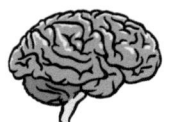

مغز

Bregen

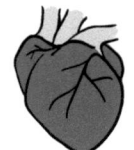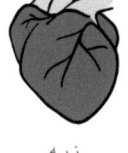

زړه

Hart

عضله

Muskel

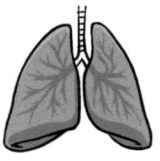

سږی

Lung

ځيګر

Lever

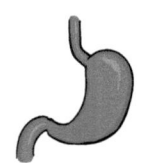

معده

Maag

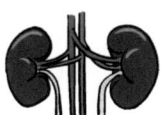

پښتورګی

Neren

جنسي نږدي والی

Bislaap

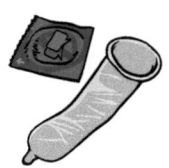

كاندوم

Kondoom

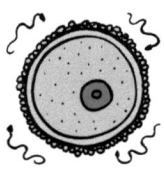

تخمه

Eizell

مني

Sperma

حمل

Anner Ümstänn

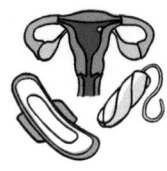

حيض
....
Menstruatschoon

مهبل
....
Scheed

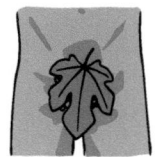

د نارينه تناسلي آله
....
Pint

وروخى
....
Ogenbroe

ويښته
....
Hoor

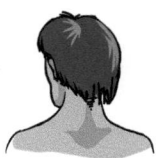

غاړه
....
Hals

Krankenhuus

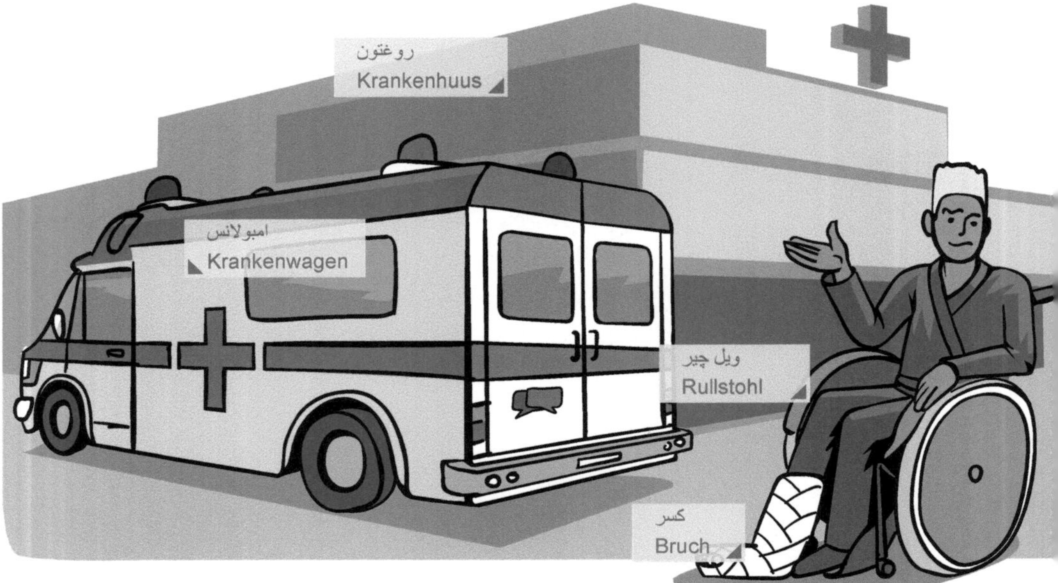

روغتون
Krankenhuus

امبولانس
Krankenwagen

ویل چیر
Rullstohl

کسر
Bruch

داکتر
Dokter

عاجل خونه
Nootopnahm

نرسه خورپال
Krankensüster

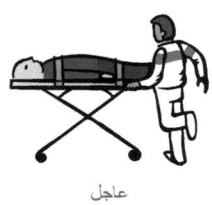

عاجل
Nootfall

بی هوش
ahnmächtig

درد
Wehdaag

پتَ

Verwunnen

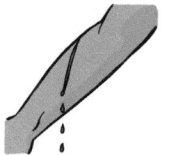

لِدويت وينه

Blöden

د زره حمله

Hartinfarkt

ضرب

Slaganfall

حساسيت

Allergie

ختوى

Hoosten

تبه

Fever

انفلوينزا

Gripp

نس ناستى

Dörchfall

سر درد

Koppwehdaag

سرطان

Kreeft

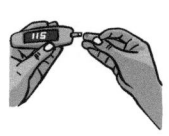

شكر

Zuckersüük

جراح

Chirurg

سكالپل

Chirurgsch Mess

عمليات

Operatschoon

سيبيتي
·············
CT

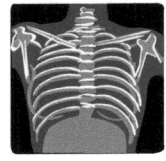

ایکس ری
·············
Dörchlüchten

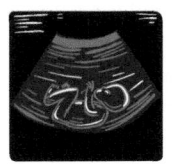

دنواساراتلا
·············
Ultraschall

کسام مخ د
·············
Mask

يغوران
·············
Krankheit

هنوخ راظتنا
·············
Töövruum

آسما
·············
Krück

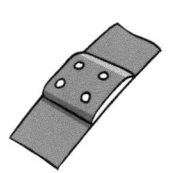

رتسلپ
·············
Plaaster

ژادنب
·············
Verband

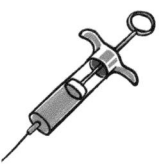

قيرزت
·············
Insprütten

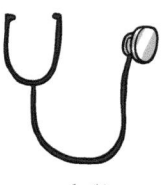

پوكستانتس
·············
Stethoskop

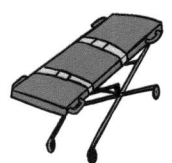

هريكست
·············
Draag

رتيمامرت يكنيلك
·············
Feverthermometer

نوديز
·············
Geboort

نزو تايز
·············
Övergewicht

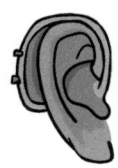

د اوریدو مرسته

Höörapparat

د عفونیت ځخه پاکونکي مواد

Kiemfriemiddel

عفونیت

Ansteken

ویروس

Virus

ایچ.آی.وی/ایدز

HIV / AIDS

درمل

Heelmiddel

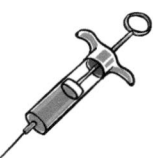

واکسین

Impen

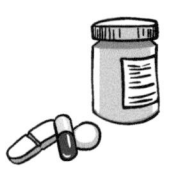

ټابلیټس

Tabletten

ګولۍ

Pill

عاجل تلیفون

Nootroop

د وینې د فشار څارونکی

Blootdruck-Meter

ناروغ/روغ

krank / gesund

مرسته!

Hölp!

الارم

Alarm

يرغل

Överfall

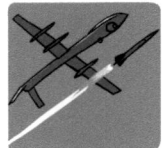

بريد

Angreep

خطر

Gefohr

عاجل لاره

Nootutgang

اور!

Füer!

د اور وژونكى

Füerlöscher

پيښه

Unfall

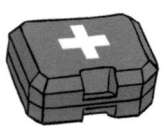

د لومړى مرستي لوازم

Noothölpkoffer

ايس.او.ايس

SOS

پوليس

Polizei

اروپا

Europa

شمالي امریکا

Noordamerika

سهیلي امریکا

Süüdamerika

افریقا

Afrika

آسیا

Asien

آسترېلیا

Australien

اتلانتیک

Atlantik

پاسیفیک

Pazifik

د هند بحر

Indisch Weltmeer

جنوبي منجمد بحر

Antarktisch Weltmeer

د شمال قطب بحر

Arktisch Weltmeer

شمالي قطب

Noordpol

سهيلي قطب
....
Süüdpol

انتاركتيكا
....
Antarktis

خُمکه
....
Eerd

خُمکه
....
Land

بحر
....
See

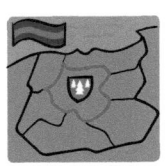

تباپو
....
Eiland

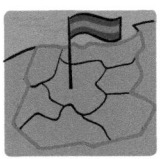

ملت
....
Natschoon

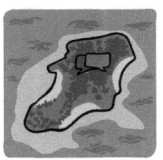

دولت
....
Staat

د مخي ساعت

Tallenblatt

د ساعت ستنه

Stunnenwieser

د دقیقی ستنه

Minutenwieser

د ثانیی ستنه

Sekunnenwieser

څه وخت دی؟

Wo laat is dat?

ورځ

Dag

وخت

Tiet

اوس

nu

دیجیتل ساعت

digetaalsch Klock

دقیقه

Minuut

ساعت

Stunn

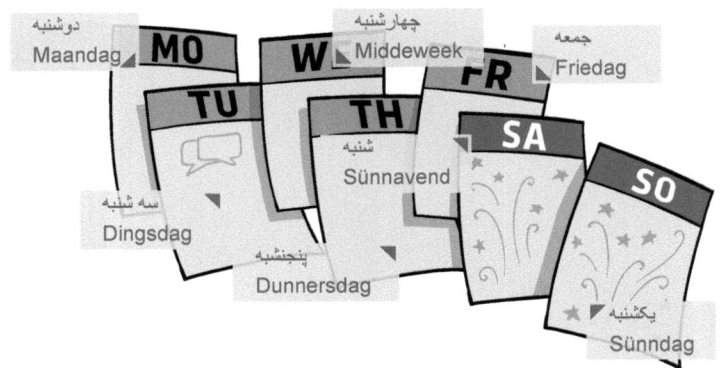

دوشنبه
Maandag

چهارشنبه
Middeweek

جمعه
Friedag

سه شنبه
Dingsdag

شنبه
Sünnavend

پنجشنبه
Dunnersdag

یکشنبه
Sünndag

پرون
güstern

نن
hüüt

سبا
morgen

سهار
Morgen

غرمه
Meddag

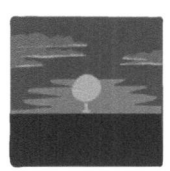

ماښام
Avend

کاري ورځی
Arbeitsdaag

د اونۍ پای
Wekenenn

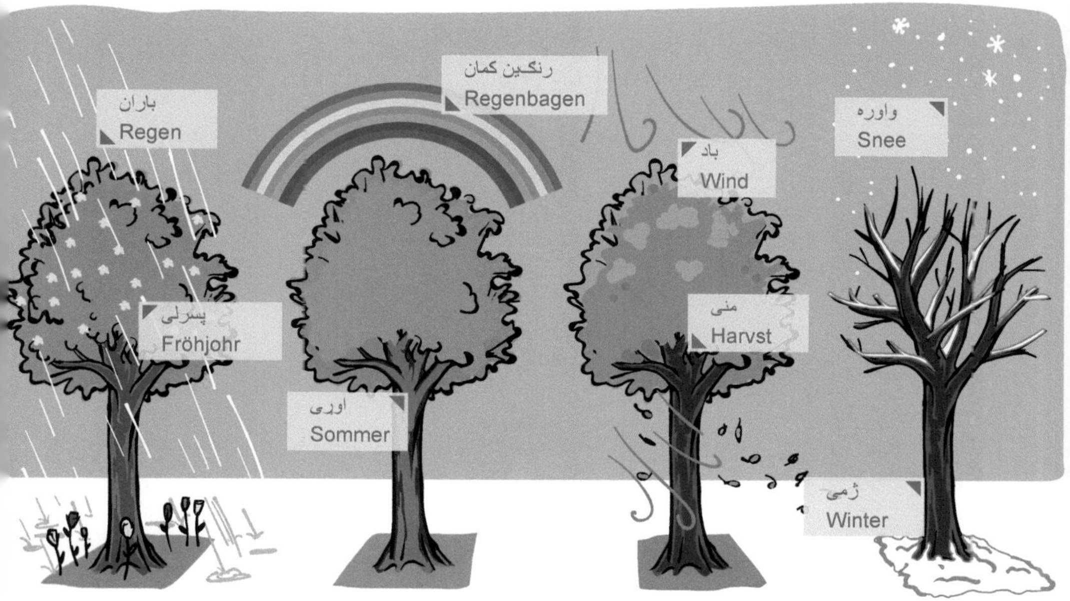

باران
Regen
رنګين کمان
Regenbagen
واوره
Snee
باد
Wind
پسرلی
Fröhjohr
منی
Harvst
اوړی
Sommer
ژمی
Winter

4.APRIL 11°
5.APRIL 4°
6.APRIL 13°
7.APRIL 8°
8.APRIL 10°

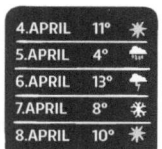

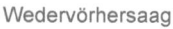

د موسم وړاندوینه

Wedervörhersaag

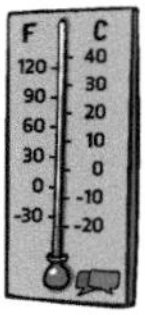

F C
120 40
90 30
60 20
30 10
0 0
-30 -10
-20

ترموميټر

Thermometer

د لمر وړانګې

Sünnenschien

وريځ

Wulk

لړه

Nevel

رطوبت

Luftfuchtigkeit

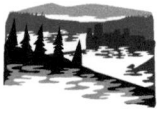

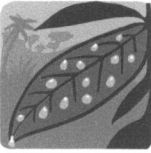

رنا
....
Blitz

تندر
....
Dunner

توفان
....
Storm

ڈلی وریدل
....
Hagel

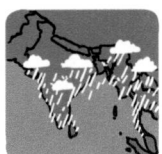

مون سون باران
....
Monsun

سیلاب
....
Floot

یخ
....
Ies

جنوري
....
Januormaand

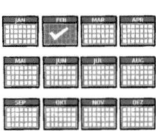

فبروري
....
Februormaand

مارچ
....
Martmaand

اپريل
....
Aprilmaand

مئی
....
Maimaand

جون
....
Junimaand

جولای
....
Julimaand

اگست
....
Augustmaand

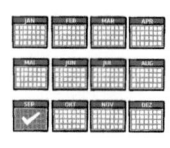

سپتمبر
....
Septembermaand

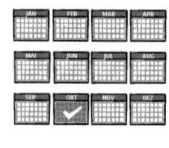

اکتوبر
....
Oktobermaand

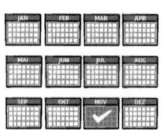

نومبر
....
Novembermaand

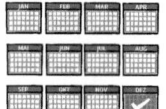

دسمبر
....
Dezembermaand

شکلونه

Formen

دایره
....
Krink

مربع
....
Quadrat

مستطیل
....
Rechteck

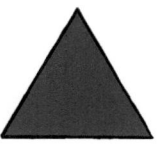

مثلث
....
Dreeeck

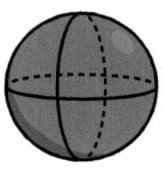

توپ
....
Kugel

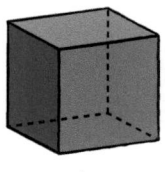

فال
....
Wörpel

سپين
....
witt

ژير
....
geel

نارنجي
....
orangsch

کـلابي
....
pink

سور
....
root

ارغواني
....
lila

نيلي
....
blau

شين
....
gröön

نسواري
....
bruun

خر
....
gries

تور
....
swart

خورا دير/خورا لږ

veel / wenig

قار/ارام

böös / verdreeglich

ښکليى/بدشكله

smuck / mies

پيل/پای

Begünn / Enn

لوى/كوچنى

groot / lütt

روښانه/تياره

hell / düüster

ورور/خور

Broder / Süster

پاك/ككر

schier / schietig

مكمل/نامكمل

kumpleet / nich kumpleet

ورخ/شپه

Dag / Nacht

مړ/ژوندى

doot / lebennig

پراخه/نرى

breet / small

د خوراک ور/نه خورل کیدونکی

geneetbor / nich geneetbor

بد/مهربان

böös / fründlich

پاریدلی/بی خونده

fickerig / langwielt

چاق/وچ

dick / dünn

لومریم/وروستی

toeerst / toletzt

ملکریم/دښمن

Fründ / Fiend

ډک/تش

vull / leddig

سخت/نرم

hart / week

دروند/سپک

swoor / licht

لوږی/ه/تنده

Smacht / Döst

ناروغ/روغ

krank / gesund

غیرقانونی/قانونی

nich na't Recht / na't Recht

هوښیار/ساده

klook / dummerhaftig

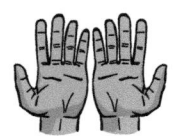

کین/ښیی

linkerhand / rechterhand

نږدی/لری

neeg / feern

نوی/زور

nieg / bruukt

هيڅ/يو څه

nix / wat

بڼ/ا ځوان

oolt / jung

چالان/بند

an / ut

خلاص/ترلی

apen / slaten

غلیم/لور غږ

lies / luut

بډای/ه/غریب

riek / arm

صحيح/غلط

richtig / verkehrt

زبر/ملايم

ruug / glatt

خفه/خوښ

trurig / glücklich

لنډ/اوږد

kort / lang

سست/ګرندی

suutje / flink

لوند/وچ

natt / dröög

ګرم/يخ

warm / köhl

جګړه/سوله

Krieg / Freden

0

صفر
....
null

1

يو
....
een

2

دوه
....
twee

3

دري
....
dree

4

څلور
....
veer

5

پنځه
....
fief

6

شپږ
....
söss

7

اوه
....
söven

8

اته
....
acht

9

نهه
....
negen

10

لس
....
teihn

11

يولس
....
ölven

12

سلود

twölf

13

سلاريد

dörteihn

14

سلارۇخ

veerteihn

15

سلخنپ

föffteihn

16

سرابش

sössteihn

17

سلوو

söventeihn

18

سلتا

achtteihn

19

سلون

negenteihn

20

لش

twintig

100

لس

hunnert

1.000

رز

dusend

1.000.000

نويليم

million

Spraken

انگلسي

Engelsch

امریکایی انگلسي

Amerikaansch Engelsch

چینایی مندرین

Chineesch Mandarin

هندي

Hindi

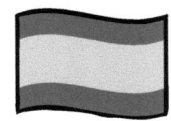

هسپانوي

Spaansch

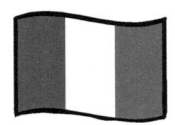

فرانسوي

Franzöösch

عربي

Araabsch

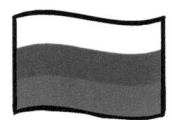

روسي

Rusch

پرتگالي

Portugiesch

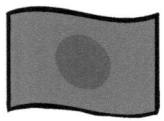

بنگالي

Bengaalsch

آلماني

Düütsch

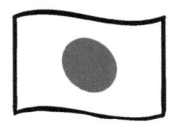

جاپاني

Japaansch

زه

ik

ته

du

♂ ♀ ○

هغه/دغه/دا

he / se / dat

موږ

wi

تاسي

ji

دوی/هغوی

se

څوک؟

keen?

څه؟

wat?

څنگه؟

woans?

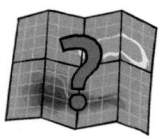

چيري؟

woneem?

کله؟

wannehr?

HELLO, I AM

نوم

Naam

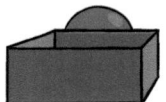

شاته
....
achter

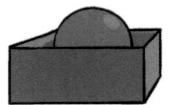

پﻪ
....
in

پﻪ مخﻪ کی
....
vör

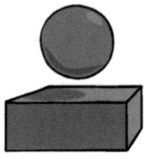

باندی
....
över

پﻪ
....
op

لاندی
....
ünner

برسیره پر
....
blangen

ترمینځ
....
twüschen

ځای
....
Oort